MARITIME HISTORY SERIES

Series Editor

John B. Hattendorf, *Naval War College*

Volumes Published in this Series

Pietro Martire d'Anghiera, et al.
The history of travayle in the West and East Indies (1577)
Introduction by Thomas R. Adams,
John Carter Brown Library

Willem Ysbrandsz. Bontekoe
Die vier und zwantzigste Schiffahrt (1648)
Introduction by Augustus J. Veenendaal, Jr.,
Instituut voor Nederlandse Geschiedenis, The Hague

Josiah Burchett
A complete history of the most remarkable transactions at sea (1720)
Introduction by John B. Hattendorf,
Naval War College

Alvise Cà da Mosto
Questa e una opera necessaria a tutti li naviga[n]ti (1490)
bound with:
Pietro Martire d'Anghiera
Libretto de tutta la navigatione de Re de Spagna (1504)
Introduction by Felipe Fernández-Armesto,
Oxford University

Martín Cortés
The arte of navigation (1561)
Introduction by D. W. Waters,
National Maritime Museum, Greenwich

John Davis
The seamans secrets (1633)
Introduction by A. N. Ryan,
University of Liverpool

Francisco Faleiro
Tratado del esphera y del arte del marear (1535)
Introduction by Onesimo Almeida,
Brown University

Gemma, Frisius
De principiis astronomiae & cosmographiae (1553)
Introduction by C. A. Davids,
University of Leiden

Tobias Gentleman
Englands way to win wealth, and to employ ships and marriners (1614)
bound with:
Robert Kayll
The trades increase (1615)
and
Dudley Digges
The defence of trade (1615)
and
Edward Sharpe
Britaines busse (1615)
Introduction by John B. Hattendorf,
Naval War College

William Hacke
A collection of original voyages (1699)
Introduction by Glyndwr Williams,
Queen Mary and Westfield College, University of London

*Marine architecture:
or Directions for carrying on a ship from the first laying of the keel
to her actual going to sea* (1739)
Introduction by Brian Lavery,
National Maritime Museum, Greenwich

Pedro de Medina
L'art de naviguer (1554)
Introduction by Carla Rahn Phillips,
University of Minnesota

Thomas Pownall
The administration of the colonies (4th ed., 1768)
Introduction by Daniel A. Baugh,
Cornell University,
and
Alison Olson,
University of Maryland, College Park

*St. Barthélemy and the Swedish West India Company:
A selection of printed documents, 1784-1821*
Introduction by John B. Hattendorf,
Naval War College

John Seller
Practical navigation (1680)
Introduction by Michael Richey,
Royal Institute of Navigation

*Shipbuilding Timber for the British Navy:
Parliamentary papers, 1729-1792*
Introduction by R. J. B. Knight,
National Maritime Museum, Greenwich

Jean Taisnier
A very necessarie and profitable booke concerning navigation (1585?)
Introduction by Uwe Schnall,
Deutsches Schiffahrtsmuseum, Bremerhaven

Lodovico de Varthema
Die ritterlich un[d] lobwirdig Rayss (1515)
Introduction by George Winius,
University of Leiden

Gerrit de Veer
The true and perfect description of three voyages (1609)
Introduction by Stuart M. Frank,
Kendall Whaling Museum

Isaak Vossius
A treatise concerning the motion of the seas and winds (1677)
together with
De motu marium et ventorum (1663)
Introduction by Margaret Deacon,
University of Southampton

Die vier und zwantzigste Schiffahrt

(1648)

Willem Ysbrandsz. Bontekoe

A Facsimile Reproduction
With an Introduction by

AUGUSTUS J. VEENENDAAL, Jr.

Published for the
JOHN CARTER BROWN LIBRARY
by
SCHOLARS' FACSIMILES & REPRINTS
DELMAR, NEW YORK
1993

SCHOLARS' FACSIMILES & REPRINTS
ISSN 0161-7729
SERIES ESTABLISHED 1936
VOLUME 485

New matter in this edition
© 1993 Academic Resources Corporation
All rights reserved

Printed and made in the United States of America

The publication of this work was assisted by a grant from the
National Endowment for the Humanities,
an agency of the Federal government

Reproduced from a copy in,
and with the permission of,
the John Carter Brown Library
at Brown University

Library of Congress Cataloging-in-Publication Data

Bontekoe, Willem Ysbrandsz., 1587-1647?

[Journael ofte gedenckwaerdige beschrijvinghe vande Oost-Indische reyse. German]
Die vier und zwantzigste Schiffahrt (1648) /
Willem Ysbrandsz. Bontekoe ;
a facsimile reproduction with an introduction by
Augustus J. Veenendaal, Jr.
p.   cm. —
(Scholars' Facsimiles & Reprints, ISSN 0161-7729 ; v. 485)
(Maritime history series)
Introd. in English, text in German.
Originally published: Franckfurt am Mayn : P. Fivet, 1648.
Includes bibliographical references.
ISBN 0-8201-1485-5
1. East Indies—Description and travel.
2. Voyages and travels.
3. Bontekoe, Willem Ysbrandsz., 1587-1647?
I. Title.
II. Series: Maritime history series (Delmar, N.Y.)
DS411.1.B7215   1993
910.4'5—dc20   93-28793
CIP

BONTEKOE, WILLEM YSBRANDSZ., 1587-1647?

Die vier vnd zwantzigste Schiffahrt, in welcher mit wahren Vmbständen beschrieben wird, erstlich die denckwürdige Reyse nach Ost Indien, S. Wilhelm Issbrands Bontekuhe von Horn: Vorgenommen den 28. Decemb. 1618. vnd vollbracht den 16. Novemb. 1625. Demnach: Eine andere Reyse, durch den Commandeur Türck Alberts Raven, nach Spitzbergen, im Jahr 1639. verrichtet. . . . Verleget vnd zum Druck befördert, durch Christophel Le Blon.

Gedruckt zu Franckfurt am Mayn, bey Philippo Fivet, Im Jahr 1648.

Collation: 20 cm. (4to):)(^{4} 2):(^{2} A-K^{4}L1 (L1 verso blank).[12], 81, [1] p., [10] leaves of plates (9 folded); ill., port.

Notes: Translation of author's Journael ofte Gedenckwaerdige beschrijvinghe. Hoorn & Haarlem, 1646. Issued as the 24th part of Levinus Hulsius's Sammlung von Schiffahrten. Illustrated title page. "Beschreibung der Reyse gethan von dem Commandeur Dirck Alberts Raven, nach Spitzbergen, in dem Jahr 1639", p. [67]-81, has special title page. All virgules on title page transcribed as commas.

References: JCB Lib. cat., pre-1675, I, p. 469; Alden, J.E. *European Americana*, 648/24; Church, E.D. *Discovery*, 317.

JCB Library copy: Acq: 0962. Acquired in 1859. This copy lacks all but two of the original plates; four additional plates (from other copies of this work?) are laid in.

Tracings: 1. East Indies—Description and travel—Early works to 1800. 2. Voyages and travels. I. Title. II. Raven, Dirk Albertsz. III. Hulsius, Levinus, d. 1605.

Introduction

Of all the many popular travel accounts in Dutch seventeenth-century literature, the journal of Willem Ysbrandsz. Bontekoe's "Avonturelijcke Reys"—Adventurous Journey—is indubitably one of the most widely read. More than seventy different editions are known to have been printed in Dutch before 1800, and a few translations too, among which is the rare German one, reprinted here.

There are only a few facts known about Willem Ysbrandsz. Bontekoe's life. He was born in 1587 in Hoorn, in the North of the Province of Holland, as eldest son of Ysbrand Willems van Westsanen, a captain in the merchant navy, who at that time did not yet use the later family name of Bontekoe.[1] As his father before him, the young Bontekoe served in the merchant marine of his native town, a booming trade in a fast growing town in the leading province of the Dutch Republic, which was already climbing to a position of preeminence in the maritime trade in Western Europe. Hoorn, situated on the Western shore of the Zuiderzee, then still an open sea, was not only an important center for the carrying trade and fisheries, it was also an important shipbuilding center. In its shipyards innovative technology had been introduced early, resulting in the herring buss, the later ubiquitous type of fishing boat, first built in 1415. Even more important was the revolutionary "fluit" or flute, first launched by the Hoorn shipbuilder Pieter Jansz. Liorne in 1595. It combined speed and carrying capacity with ease of handling by a small crew, making it popular with merchants and seamen alike. Because of its technological superiority the fluit rapidly became the ultimate seagoing cargo vessel of the seventeenth century, which revolutionized the European carrying trade and significantly helped to assure the Dutch of their leading position in that highly competitive field.[2]

Merchants of Hoorn were also early active in the adventurous and promising East India trade, taking part in some of the first voyages to the East. When the Verenigde Oostindische Compagnie (VOC, or

INTRODUCTION

United East India Company), the first joint-stock company in the world, was incorporated in 1602 by the States-General, it was a matter of course that Hoorn became the seat of one of the six chambers of the new company, and a booming trade with the Indies soon developed.[3] Hoorn—alternating with the neighboring town of Enkhuizen—also became the seat of one of the Admiralty Boards of the Province of Holland, set up to equip the navy in times of war.

Bontekoe will have followed the usual slow career in the merchant navy of his days, without much formal theoretical schooling and learning the skills of a navigator chiefly by practice. About his early years at sea nothing is known, and he must have advanced slowly through the ranks until getting his first appointment as master of a merchantman, aptly named the *Bontekoe* and fitted out by Hoorn merchants, in 1617. In this ship, probably a fluit, he sailed from Amsterdam to the Levant. The journey turned out to be an unlucky one. The *Bontekoe* was taken by a Turkish privateer or pirate in the Mediterranean and retaken by a Spanish man-of-war. Since, however, the Dutch Republic and Spain were still honoring the Twelve Years' Truce concluded in 1609, Bontekoe was freed and returned somehow to Hoorn, although details of his return are lacking.

We are on firmer ground with Bontekoe's voyage to the East Indies. The Hoorn Chamber of the VOC had already fitted out several ships to the Indies, among which was a big 700-tonner, not surprisingly named *Hoorn*, which sailed for the first time in 1603, arriving one year later in Bantam. After returning to Hoorn in 1606, it sailed for a second time in 1607, returning in 1611, and set out for the Indies for the third time early in 1613, arriving at Bantam early in 1614. Thereafter all traces of the ship are lost; it must have been wrecked or scrapped in the Indies.[4] A new *Hoorn* was apparently built to replace the earlier ship of the same name, and although the VOC sources give only *Hoorn* as its name, Bontekoe himself tells us that his ship was named *Nieuw Hoorn*, or New Hoorn.

The new *Hoorn* also was a 700-tonner, one size below the largest charter of the East-Indiamen (800 tons) then in use. Serving under Bontekoe was a total crew of 206, including merchants, soldiers, and common sailors. Most ships went out in ballast, as Europe

INTRODUCTION

had little merchandise, except gold and silver, to offer in return for the spices and other exotic products sought in the Indies. The *Hoorn* did carry some stores for the Company's magazines in Asia, among which was a large quantity of gunpowder in some 360 barrels. It is not known how many guns the *Nieuw Hoorn* actually carried, although most East-Indiamen were heavily armed, and a ship of this charter usually had at least between 30 and 40 metal guns. On December 12 of 1618 Bontekoe set sail from Texel, the island just North of the mainland of Holland, together with a sister ship from Enkhuizen, the *Enckhuijsen* under captain Jan Jansz. A few days later they met another East-Indiaman, the *Nieuw Zeeland* which had sailed from Flushing on the 19th of December.

    Once clear of the Channel in the Atlantic, the *Nieuw Hoorn* was hit by a severe storm, which caused so much damage that Bontekoe decided to anchor off Fogo, one of the Cape Verde Islands, to carry out repairs to the masts and rigging. Attempts to land and find some provisions were prevented by hostile Spaniards. Still in the company of the other two ships, the Cape of Good Hope was sighted towards the end of May, but because of bad weather and heavy swell the captains decided not to land to bring in more victuals. The Company at that time still had no fixed place for victualling its ships, the establishment at the Cape of Good Hope having been built only in 1652. Most captains did, however, touch at the Cape long before that year, but they were free to take in provisions elsewhere when circumstances permitted. Bontekoe must have been in a hurry to land somewhere, however, since the *Nieuw Hoorn* had forty sick from scurvy already. A few days before, the *Enckhuijsen* had left the others and set course to her destination, the Coromandel Coast. Differences of opinion between Bontekoe and his colleagues on the *Nieuw Zeeland* about the best place to revictual then led to the latter's departure on a more southerly course, so Bontekoe was on his own.

    Supreme authority on board the Company's ships was vested in the supercargo, the chief-merchant, according to the official instructions, drawn up on 26 August 1617; in his absence the master—"schipper" in Dutch—acted as such. In matters of navigation the master, assisted by the mates, was of course responsible, but decisions about landing for purposes of revictualing were taken by the ship's council, chaired by the supercargo. It would seem that these instructions could easily be conflicting in practice and indeed, in the case of the *Nieuw Hoorn* several such clashes between the master and the supercargo are registered in Bontekoe's journal, and elsewhere such clashes will have been common enough too.[5]

There is some uncertainty about Bontekoe's reasons for taking a course which led him to Madagascar. The first Dutch ships to the Indies followed the traditional Portuguese northeastern course after rounding the Cape of Good Hope, while avoiding the strong adverse Agulhas current by keeping East of Madagascar. In 1611, however, instructions for the Company's ships were altered: on leaving the Cape, ships had to sail South to a latitude of about 37 degrees and then to head due East, helped in no small way by the current and the prevailing tradewinds, which made the crossing of the Indian Ocean much easier and shorter. The only problem was to decide on the moment when to change course to the North again. Without good timepieces it was hard to establish one's longitude, and wrong reckoning was the cause of many shipwrecks on the Western coast of Australia.[6] After Bontekoe had missed the Cape, he apparently decided to take the earlier route across the Indian Ocean.

At the explicit request of the crew Bontekoe agreed to sail for Saint Lucia's Bay (Manafiafy), on the southeastern coast of Madagascar, and try to land there. No suitable landing place could be found, however, and the ship had to continue on a northeasterly course for Mauritius or Mascarenhas, the present-day Réunion. Arriving at the latter island, then still uninhabited, again they could find no safe place to anchor, but the condition of the sick had become so desperate that Bontekoe decided to put them ashore anyhow, against the violent opposition of the supercargo Hein Rol. The operation was carried out successfully and the captain then reconnoitred the island further and found a beautiful sandy bay close by, with a clear river, woods full of fruit and vegetables, and with turtles and birds aplenty. One of the birds was an easy prey for the Dutch sailors: the dodo *(Didus ineptus)*, later to assume almost mythic proportions, or its relative, found only on Réunion, the solitaire *(Pezophaps solitarius)*, both now extinct and

INTRODUCTION

only known from literature and a few drawings.[7]

After three weeks in this paradise, Bontekoe found it necessary to press on, but as a few of his sick were still not quite well, the crew asked for one more landing before venturing into the southeast trade winds. Accordingly the *Nieuw Hoorn* sailed southwest again to the small island of Santa Maria (Nosy Borah), lying just off the East coast of Madagascar. After nine days of bartering for provisions with the natives, the last sick had recovered sufficiently and Bontekoe set sail again for Sunda Strait, between Java and Sumatra.

On 19 November 1619, when still some eighty miles West of Sumatra, disaster struck: the bottle-washer was drawing brandy on the lower deck and stupidly dropped his candle in an open cask. At first it seemed that the fire could be contained, but when the flames reached the coals of the smithy, sulfurous fumes drove the crew back on deck; the fire then spread to the powder room and the *Nieuw Hoorn* blew up in a terrible explosion. Some men had already taken to the boats, but of the 119 still on board, only two survived, one of them Bontekoe himself.

Under his calm and competent leadership, the survivors in their open boat, without nautical instruments, food, or water, managed to reach a Dutch fleet lying off Bantam in Sunda Strait, on 13 December 1619, almost one year after his departure from Texel. At sea in the open boat and in encounters with hostile natives they lost still more men, and only 57, Bontekoe included, finally made it to the safety of the fleet, out of the original complement of 206. Bontekoe was at once dispatched to Batavia to report to the Governor-General in the brand-new headquarters of the Company, the castle built on the ruins of the old fort Jacatra, taken from the king of Mataram only six months before. The Governor, Jan Pietersz. Coen, Bontekoe's contemporary from Hoorn, whom he must have known in school back home, received him well, although he was critical—in a letter to the Gentlemen Seventeen of the VOC at home—of Bontekoe's dawdling in the Indian Ocean, losing much valuable time by returning from Réunion to Madagascar, before finally crossing to the Indies. Moreover, he sorely missed having available a strongly built and heavily armed ship such as the *Nieuw Hoorn* in the Company's struggles with

INTRODUCTION

the Portuguese, the English, and many native princes.[8]

Shortly after his arrival in Batavia, Bontekoe was appointed master of a smaller ship and took part in an unsuccessful expedition against Portuguese Macao and the Pescadores, returning safely to Batavia in April 1624. Still in the Company's service, he was appointed master of the *Hollandia*, a 700-ton ship belonging to the Amsterdam Chamber, and began a return to his homeland with two others, the 800-ton *Gouda* also of Amsterdam, and the 700-ton *Middelburg* of the Zeeland Chamber. This latter ship was commanded by Willem Cornelisz. Schouten, also a native of Hoorn, who had earlier—in 1615-1617—together with Isaac Lemaire, circumnavigated the globe and named Cape Horn after his hometown.[9] The senior commander of the small squadron was Cornelis Reijersz., under whom Bontekoe had already served in China. After enduring a tornado in the Indian Ocean, in which the *Gouda* was lost, and surviving an encounter with a Portuguese galleon off St.Helena, the *Hollandia* finally arrived in Flushing on 16 November 1625.

About Bontekoe's later life nothing is certain; we only know that he never sailed in the Company's service again. He was still alive when his journal was first published in Hoorn in 1646, since he apparently dictated the text of the first part, of which the original was lost in the wreck of the *Nieuw Hoorn,* to the editor. His place of burial is unknown, although it was probably not Hoorn, since the name of our valiant skipper is not found in the burial registers of that town.[10]

One may wonder at the reasons for the tremendous popularity of Bontekoe's journals. Something in his writings must have caught the fancy of the reading public, to explain the numerous editions through the centuries. The most appealing characteristic of Bontekoe may well have been his utmost simplicity. Here was an ordinary man without duplicity, just a simple, but capable seaman, who trusted in God and in his own common sense, and with whom the reader could easily identify. His journey was an ordinary one also, no spectacular voyage of discovery by someone with fantastic ideas about the shape of the globe, but a regular voyage, albeit unsuccessful, to a land still exotic, but not completely unknown anymore. The only element out of the ordinary may have been Bontekoe's extraordinary share of

INTRODUCTION

misfortune, although disasters were common enough.

Bontekoe's language is also simple and easy to understand, although it is not quite clear how much the first publisher of the journal, Jan Jansz. Deutel of Hoorn, contributed to this when he had the first edition of the journal printed in 1646.

A list of all editions of Bontekoe's journal has been compiled by Tiele, in his *Mémoire Bibliographique,* later augmented by Hoogewerff in his 1952 edition of the journal for the Linschoten Vereeniging.[11] Tiele found thirty-five different Dutch editions between 1646 and 1860, some with several consecutive impressions and reprints. The popularity of the book can be judged from the different editions that appeared in the first few years after it came out: two by Deutel of Hoorn in 1646; one in Utrecht (two impressions) plus two separate editions in Rotterdam in 1647; one more by Deutel in 1648, one in Zaandam, and two different ones in Amsterdam in the same year; 1649 presents us with two different editions in Utrecht, and the list goes on like that. Truly a "volksboek," a book for the common people, with a wide readership in a country where literacy was already high. Hoogewerff's total stands at seventy impressions and/or editions before 1800, but he must have counted as different editions what were merely reprints of the book by the same publisher in a single year.

Many of the editions after Deutel's first printing must have been pirated. Deutel himself complains about his book being reprinted without his permission in 1647, the thieves even copying the engravings that embellished his first edition. This was not an uncommon complaint in those days, but not much could be done against such sharp practices. Only in cases where an official patent had been granted for a stipulated period of time by the States of Holland or the States-General, could legal action be taken.

Deutel's first edition already included, besides Bontekoe's journals, a short narrative of a disastrous voyage to Spitsbergen, made in 1639 by one Dirck Alberts. Raven, also of Hoorn, for the Dutch Greenland Company. Apparently this was done just to make up a complete volume in quarto, and several still shorter pieces on earlier voyages to Greenland or Spitsbergen, one also by Raven, were included for the same reason, but they had nothing whatsoever to do

INTRODUCTION

with Bontekoe's journals. Most later Dutch editions include Raven's voyage and the other short narratives too.

Modern Dutch editions comprise one by G. J. Hoogewerff, who would later publish the journal again for the Linschoten Vereeniging, and a slightly abridged edition, with comments by the well-known writer Clara Eggink.[12] Translations are also known to exist. The earliest one is the German edition, reprinted here. A French translation came out in 1663, but an English one surprisingly enough only as late as 1929.[13] Translations into Javanese and Sundanese are also known, for which a market must have existed among the native population of the Dutch East Indies, since both of these translations saw more than one printing.[14]

The German translation of Bontekoe's journals appeared in a series of *Voyages*, set up by Levinus Hulsius, then of Nuremberg. This Hulsius was a Netherlander, born in Ghent, Flanders, around 1546 as Lieven Hulse, a son of a respectable and well-to-do family.[15] He must have had a good education in his home country, but no details are known. After the Revolt of the Netherlands against Spain and the following civil war, which did not pass Ghent unnoticed, it became clear that a large part of the southern Netherlands would probably remain under Spanish rule. Most Flemish Protestants then emigrated to the North, where they found a safe haven in the Dutch Republic. Hulse, a Protestant also, first went to Middelburg, in Zeeland, where two sons were born, and from there not to Amsterdam, as most of his countrymen did, but to Nuremberg, sometime around 1590, where he found employment as a language teacher and notary public and latinized his name as Levinus Hulsius.

Nuremberg was a centre of the printing and publishing trade at the time, fostered by the presence of the University of Altdorff close by. Hulsius soon set up his own business as a publisher, but contrary to most of his colleagues, he chiefly published his own works, which earned him a lot of respect as a scholar as well. His spheres of interest were wide-ranging: classical antiquity, geography, biography, and mathematics and mechanics, with some books written in German and others in Latin. He also published German-French and German-Italian dictionaries and French and Italian grammars, giving proof of his flu-

INTRODUCTION

ency in several languages.[16]

In 1600 Hulsius, now well established as a scholar and publisher, undertook a journey to Holland and England for the purpose of selling his own books and for collecting material for a series of travel descriptions which he had started in 1598. This series, inspired no doubt by the success of a similar series by the De Bry family in Frankfurt am Main, contained narratives of voyages to exotic parts of the world, which had proved to be a most popular kind of book in Holland and England. Back in Germany, he transferred his business to Frankfurt am Main, where he died early in 1606. His series then was still unfinished and ran to seven volumes only, most of which were of Dutch origin, with two English and one other making up the rest.

His widow continued his business after his death, helped to some extent by the brothers Jean-Théodore and Jean-Israel de Bry, his fellow countrymen from the Netherlands, who also had set up shop in Frankfurt. The De Bry's had already conceived a similar series of travel accounts back in 1590, which was partially overlapped by volumes later put out by Hulsius or by Hulsius and De Bry jointly.[17] Hulsius's volume eight came out shortly after his death in 1606, printed for the widow from material left by her late husband and containing descriptions of several Dutch expeditions to the East Indies. Later editions under the Hulsius imprint mention the widow or the Hulsius Heirs, and the 23rd part in the series, of 1632, came out under the name of Frederick (or Friedrich) Hulsius, his son, about whom little is known, and under whose name only this single volume was published in the series.[18]

After 1632 the Hulsius firm remained inactive for a number of years, until in 1648 the series of voyages was continued with number 24, the journal of Bontekoe. On the title-page no mention was made by the new publisher, Christophel Le Blon, of the Hulsius name, but he pretended to continue the earlier series, and it is known that he had bought the rights from the Hulsius heirs. In his dedication Le Blon mentioned that he found the Dutch edition of Bontekoe while traveling in Holland, and that he judged it to be so interesting that a German translation seemed to be called for.

Christoph Le Blon (or Leblon) was born in Frankfurt of a

INTRODUCTION

Walloon or French family, became a citizen of that city in 1639, married the daughter of his former boss, Susanna Barbara Merian, and took over the copyrights of the Hulsius firm in 1641.[19] Besides these activities, he himself stated that he was an engraver and therefore interested in publishing books with engravings. And indeed, the 10 plates included in his book were engraved by Le Blon himself, after the originals in the Deutel edition of 1646. The voyage to Spitsbergen by Dirck Alberts. Raven of 1639, included in most Dutch editions, is also present in this German printing, together with the other short pieces, apparently also included only to make up a volume in quarto. The translator is not known, certainly not Le Blon himself, since he mentions in his introduction that he had ordered the Dutch version to be translated into German. He stopped the series after having published the 26th volume of the Hulsius Voyages in 1650, and his successors never put out any more volumes.

That Bontekoe still has not been forgotten in Holland is clear from the continuing popularity of a book by Johan Fabricius, written in 1923, about the adventures of four of Bontekoe's ship boys who, during the journey in the open boat, were purportedly left on the island of Sumatra after an attack by hostile natives, and who reached Bantam only after many adventures.[20] Although written for older children, the book has had—and still has—a wide appeal to adults as well, and the four boys, Harmen, Hajo, Rolf, and Padde (the latter had started the fire on board the *Nieuw Hoorn)*, have become famous in their own right. Cast in solid bronze, they now sit and stand on the seawall overlooking the old harbor of Hoorn, seemingly yearning for more adventures in the tropics and waiting for another *Nieuw Hoorn* to carry them there.

AUGUSTUS J. VEENENDAAL, JR.
Institute of Netherlands History, The Hague

INTRODUCTION

NOTES

1. For the history of Bontekoe see G. J. Hoogewerff, ed., *Journalen van de Gedenckwaerdige Reijsen van Willem IJsbrantsz. Bontekoe, 1618-1625.* Werken Linschoten Vereeniging 54 (The Hague, 1952), pp. xvii-xlvi.

2. Richard W. Unger, *Dutch Shipbuilding before 1800* (Assen-Amsterdam, 1978), pp.24-40.

3. See for the history of the VOC F. S. Gaastra, *De Geschiedenis van de VOC* (Haarlem-Antwerpen, 1982), and Holden Furber, *Rival Empires of Trade in the Orient, 1600-1800* (Minneapolis, 1976).

4. Details of all voyages of VOC ships in J. R. Bruijn, F. S. Gaastra and I. Schöffer, eds., *Dutch-Asiatic Shipping in the 17th and 18th Centuries;* vol. II, Outward-bound voyages; vol. III, Homeward-bound voyages. Rijks Geschiedkundige Publication, Grote Serie 166-167 (The Hague, 1979).

5. Extract from these instructions printed in Appendix II by Hoogewerff, *Journalen.*

6. G. Schilder and W. F. J. Mörzer Bruyns, "Navigatie," in *Maritieme Geschiedenis der Nederlanden,* vol. 2 (Bussum, 1977), pp. 195-199.

7. H. E Strickland and A. G. Melville, *The Dodo and its Kindred* (London, 1848).

8. Coen's letter of 22 January 1620 in H. T. Colenbrander, ed., *Jan Pietersz. Coen. Bescheiden omtrent zijn bedrijf in Indië,* vol. 1 (The Hague, 1919), pp. 520-521.

9. For Schouten's voyage see W. A. Engelbrecht and P. J. van Herwerden, eds., *De Ontdekkingsreis van Jacob Le Maire en Willem Cornelisz. Schouten in de jaren 1615-1617,* 2 vols., Werken Linschoten Vereeniging 49 (The Hague, 1945).

10. Details of Bontekoe's life taken from G. J. Hoogewerff, ed., *Journalen,* pp.xvii-xlvi.

11. P. A. Tiele, *Mémoire Bibliographique sur les Journaux des Navigateurs Néerlandais* (Amsterdam, 1867; rpt. Amsterdam, 1960), pp. 213-226. Hoogewerff, ed., *Journalen,* pp.xlvii-1.

12. G. J. Hoogewerff, ed., *Journael ofte Gedenckwaerdige Beschrijvinghe van de Oost-Indische Reijse van Willem Ysbrantsz. Bontekoe van Hoorn.* Herdrukken van de Maatschappij der Nederlandsche Letterkunde (Utrecht, 1915; second impression Utrecht, 1930). Clara Eggink, ed., *Journaal van Willem IJsbrantsz. Bontekoe* (Haarlem, 1957).

13. *Relation de divers Voyages de Thevenot* (Paris, 1663), contains a translation into French of Bontekoe's journal. C. B. Bodde-Hodgkinson and

INTRODUCTION

Pieter Geyl, eds., *Willem IJsbrantsz. Bontekoe, Memorable Description of the East Indian Voyage 1618-1625* (London, 1929). A new German edition is provided by M. R. C.Fuhrmann-Plemp van Duiveland, ed., *Die gefahrvolle Reise des Kapitän Bontekoe, und andere Logbücher und Schiffsjournale holländischer Seefahrer des 17. Jahrhunderts* (Tübingen, 1972).

14. Raden Kartawinata, *Tjarita toewan kapitan W. Y. Bontekoe* (Batavia, 1874, 2d ed., Batavia, 1903). The Javanese translation by the same was published in Batavia in 1873 and reprinted in 1883.

15. See about Hulsius A. Asher, *Bibliographical Essay on the Collection of Voyages and Travels, edited and published by Levinus Hulsius and his Successors at Nuremberg and Francfort from Anno 1598 to 1600* (First published 1839, rpt. Amsterdam, 1952). Also *Allgemeine Deutsche Biographie*, 13 (Leipzig 1881), p. 335; C. G. Jöcher, *Allgemeines Gelehrten-Lexicon*, 2 (Leipzig, 1750), pp. 1768-69; *Biographie Nationale de Belgique*, 9 (Brussels, 1886-87), pp. 690-91, where his name is given as Hulst/Hultius, with many other errors.

16. A list of his publications in Asher, *Bibliographical Essay*, pp. 115-118.

17. Théodore de Bry (1528-1598), born in Liège, emigrated to Frankfurt during the religious troubles, was a famous engraver and book publisher. His two sons Jean-Théodore (1561-1623) and Jean-Israel (last mentioned 1612) assisted him in this business and continued the production after their father's death. The series of "Grands et Petits Voyages" to the Indies and the Americas, as they were collectively known, was started by De Bry the elder and finished by his sons. *Biographie Nationale de Belgique*, vol. 3 (Brussels, 1872), pp. 125-129; also Tiele, *Mémoire*, pp. 1-3.

18. Friedrich Hulsius was born in Middelburg in 1580 and died in Frankfurt circa 1660. Josef Benzing, "Die deutschen Verleger des 16. und 17. Jahrhunderts," *Archiv für Geschichte des Buchwesens* XVIII (1977), vol. 5-6, p. 1177.

19. Christoph Le Blon (died 1665), was an apprentice in the famous shop of Matthäus Merian the elder, and after marrying the latter's daughter, inherited part of his father-in-law's business. His more famous elder brother Michel (1587-1656), was working as an engraver in Amsterdam since 1610. Christoph's grandson Jacques Christoph Le Blon (1667-1741), also a painter and engraver, became known for his invention of the four-color printing. Benzing, "Deutschen Verleger," p. 1200; Thieme-Becker, *Allgemeines Lexikon der Bildenden Künstler*, 22 (Leipzig, 1928), p. 504.

20. Johan Fabricius, *De Scheepsjongens van Bontekoe* (first published 1923; 20th ed., The Hague, 1992).

INTRODUCTION

FURTHER READING

Bodde-Hodgkinson, C. B., and Pieter Geyl, eds., *Willem IJsbrantsz. Bontekoe, Memorable Description of the East Indian Voyage 1618-1625* (London, 1929).

Boxer, Charles R., *The Dutch Seaborne Empire 1600-1800* (London, 1965).

Boxer, Charles R., *Jan Compagnie in oorlog en vrede. Beknopte geschiedenis van de VOC* (Bussum, 1977).

Boxer, C. R., "The Dutch East-Indiamen; their sailors, their navigators, and life on board, 1602-1795". *The Mariner's Mirror* XLIX (1963), pp.81-104.

Bruijn, J. R., F. S.Gaastra, and I. Schöffer, eds., *Dutch-Asiatic Shipping in the 17th and 18th Centuries* (3 vols., RGP Grote Serie 165-167, The Hague, 1979-1987).

Coolhaas, W. Ph., *A Critical Survey of Studies on Dutch Colonial History* (2nd edition, The Hague, 1980).

Furber, Holden, *Rival Empires of Trade in the Orient, 1600-1800* (Minneapolis, 1976).

Gaastra, Femme S., *De Geschiedenis van de VOC* (Haarlem-Antwerpen, 1982).

Glamann, K., *Dutch-Asiatic Trade 1620-1740* (2d ed., The Hague, 1980).

Meilink-Roelofsz, M. A. P., *Asian Trade and European Influence in the Indonesian Archipelago between 1500 and about 1630* (The Hague, 1962).

Tiele, P. A., *Mémoire Bibliographique sur les Journaux des Navigateurs Néerlandais* (Amsterdam, 1867, rpt. Amsterdam, 1960).

Unger, Richard W., *Dutch Shipbuilding before 1800* (Assen-Amsterdam, 1978).

Die Vier vnd zwantzigste Schiffahrt/

In welcher mit wahren Vmbständen beschrieben wird/

Erstlich

Die denckwürdige Reyse nach OstIndien/ S.

Wilhelm Jßbrands Bontekuhe von Horn:

Vorgenommen den 28. Decemb. 1618. vnd vollbracht den 16. Novemb. 1625.

Demnach:

Eine andere Reyse/ durch den Commandeur Türck Alberts

Raven/ nach Spitzbergen/ im Jahr 1639. verrichtet.

In welchen vnterschiedlich viel merckwürdige Händel vnd Fälle gründlich erzehlet werden.

Beneben darzu nothwendigen Kupfferstücken.

Verlegt vnd zum Druck befördert/ durch Christophel le Blon.

Gedruckt zu Franckfurt am Mayn/ bey Philippo Fivet/

Im Jahr 1 6 4 8.

Dem Ehrnvest/ Vorachtbaren vnd
Wohlvornehmen

Herrn Peter Veesen/

Vornehmen Kauff= vnd Handelsmann
in Franckfurt am Mayn/ meinem vielgünstig=
vnd Hochgeehrten Herrn.

Hrnvest/ Vorachtbar/ insonders gün=
stig = vielgeehrter Herr vnnd Hochwerther
Freund/rc. Nach dem auff eine Zeit/ zwischen
den vier Weltweisen Männern/ Mimo, Poly-
doro, Azuario vnd Pericle, die Frag entstan=
den/ in welchem Stand vornemblich das Glück sich dem Men=
schen am allergefährlichsten erzeige? Geriethen sie hierüber in
einen besondern Disputat/ so weit zwar vnd der gestalt/ daß/
gleich wie jhrer vier vnterschiedene Personen/ also waren auch
jhre Meynungen nicht einerley. Polydorus hielte darvor/
daß sich das Glück in keinem Ding wanckelmütig= vnnd vn=
trewer erzeige/ als in der Ehe; dann es seye selten eine Ehe/ in
welcher nicht entweder der eine oder andere Theyl betrogen vnd
angesetzt werde. Deß Azuarij Meynung war hingegen diese/
dz Glück lasse seine Vnbeständigkeit nirgend mehrers sehen/ als

)(ij   im

DEDICATIO.

im Kriegswesen/ welches er damit behauptete/ daß es zwar in der Menschen Macht stehe/ dem Feind eine Schlacht zu liefern/ man müsse aber gestehen/ daß die Victori von dem Glück herkomme.

Dem Pericli beliebte zu sagen/ daß das Glück in keiner Sach seine Tück augenscheinlicher erweise/ als an den hohen Officirern vnd Beampten bey Hoff; dann es erhebe dieselben langsamb vnd in vielen Jahren hoch/ werffe sie aber gähling vnd in einem Augenblick wieder herunter. Wider dieser aller Meynung aber war Mimus, dann er bestättigte/ daß das Glück in keiner Sach alles thue/ was jhm gefällt/ vnd weniger halte/ was es verheist/ als auff dem Meer/ vnd bey den Seefahrten; dann daselbst helffe kein Gut/ es klecke keine Weißheit/ gelte auch nicht einiges Ansehen der Person/ sondern wann es dem Glück in Sinn komme/ so führe es ein kleines Fischerschifflein sicher vbers Meer/ wie wir von dem Iulio Cæsare lesen/ vnd lasse hergegen ein schön vnd wohl außstaffiertes Lastschiff mitten im Port oder Haafen vntergehen.

In Warheit/ vielgeehrter Herr/ wir müssen dem Mimo in seiner Meynung mit Recht beyfallen/ dann daß dem also/ könten so wol auß heylig Göttlicher Schrifft/ alt- vnd newen Testaments/ als auch den Prophan- vnnd Weltlichen Geschichtbüchern/ genugsame Exempel angeführet werden/ damit zu bezeugen/ daß das Glück niemalen mißgünstiger/ vnd die Gefahr zu keiner Zeit grösser geweßt/ als zur See vnd auff dem Wasser. Nur eines vnnd deß andern aber diß Orths zu gedencken/ kan vns an statt eines Exempels gar wol dienen/ der Außwurff deß Propheten Jonæ im 1. Cap. der gefährliche Schiffbruch deß H. Apostels Pauli/ in den Apostolischen Geschichten am 27. Cap. allda er selbst zweyhundert vnd sechs vnd siebentzig Seelen/ wie jhm durch ein Englisches Gesicht versprochen/ erhalten worden/ vnd sie sambt vnd sonders in der

Insel

DEDICATIO.

Insel Melite / frisch zu Lande gestigen; anderer Exempel H. Schrifft anjetzo zu geschweigen. Was der berühmbte Held Æneas, auff seiner mühseeligen Reyse / von Troja nach Italien, auß Neyd der Iunonis, für vngemach erlitten / stehet bey dem Virgilio im ersten Buch Æneidos, weitleufftig zu lesen: Welche Schiffahrt dann dermassen rauch dahergangen / daß Æneas, auff erlittenen harten Sturm / seinen noch wenig vbrigen Gesehrten / mit dergleichen Worten zugesprochen /

O socij (neque enim ignari sumus ante malorum)
O passi graviora: dabit Deus his quoque finem.
Durate, & vosmet rebus servate secundis.

Als wolte er sagen: Sie wollen gutes Muhts seyn; vnd weil sie hiebevor / mit jhm bereits noch mehr vnd grösser Vnglück außgestanden hetten / bedencken / die Götter wurden sie fein dißmal auch nicht stecken lassen / sondern aller Vnruh gar bald ein Ende machen: Davon wir aber diß Orts weiters nicht reden wollen.

Vnd daher ist es kommen / weil keine Schiffahrt so sicher / in derozwischen dem Land vnd dem Rad / mehr als ein einiges Bret inzwischen; daß vmb dieser Vrsach willen / viel vortreffliche Männer sich niemals auff das Wasser wagen / noch demselben trawen wollen.

Fabatus der Burgermeister / ist in 70. Jahren auß seiner Statt Rhegyo nicht kommen / noch nach Messana gezogen / vnangesehen / daß diese Statt mehr nicht als 9. Meyl Wegs vberm Meer von Rhegyo lag: Dann er sagte / daß das Schiff närrisch / sintemal es sich jmmerzu bewege; daß der Schiffmann ein Rohr / sintemal er niemals einerley Vorhabens; daß das Wasser närrisch / sintemal es jmmerdar vnruhig; vnd daß der Lufft ein Narr seye / sintemal er allezeit lauffe; wann er dann einen einigen Narren fliehe auff Erden / warumb er sich dann vier Narren vertrawen solte auff dem Meer? Plutarchus

DEDICATIO.

chus erzehlet vom Athalo, daß derselbe niemals habe vber das Wasser fahren wollen/ welches mitten durch die Statt Spartam lieff: Dann er wande vor/ daß der Lufft gemacht were für die Vögel; das Land für die Menschen; vnd das Wasser für die Fische. Wann er nun sehen werde/ daß die Fische auff Erden spatzieren gehen/ alsdann wolle er sich auch auffs Wasser begeben zufahren. Alcimenus, ein Philosophus, war 90. Jahr alt/ vnd als jhme ein sonderbahres Erbgut angestorben/ hat er darvon weder wissen/ vielweniger aber solches sehen wollen/ vmb keiner andern Vrsach willen/ als damit er nur nicht das Wasser Marathan passiren durffte/ vorgebend/ daß dasjenige Gut verflucht seye/ welches durch schiffen müste zu wegen gebracht werden. Marcus Porcius bekante in seinem Todbette/ daß er nur in 3 Sachen die Götter erzürnet/ in dem er nemlich eine einzigen Tag/ hette ohne Fruchtschaffung vorüber gehen lassen; daß er seinem Weib ein Geheimnuß vertrawet/ vnd daß er die Reyse/ so er hette vber Land verrichten können/ zur See verrichtet habe. Cropilus deß Platonis Discipul, ließ alle Fenster seines Hauses/ darauß man ins Meer sehen kunte/ zumauren/ damit er nur das Meer nicht ins Gesicht bekommen/ noch auff demselben zufahren Lust kriegen möchte: Dann er gab vor/ Plato sein Meister habe darfür gehalten/ daß das fahren auff dem Meer mehrers eine Vbung sey der Narren/ als der Sophisten; weil/ mit den Menschen kriegen/ zwar ein Glück/ sich aber gegen den Wind auffwerffen/ eine Pur lauter Thorheit ist.

 Diß alles nun/ vielgeehrter HErr/ lassen wir zwar billich in seinem Werth verbleiben. Wofern wir aber die Sach recht ansehen vnd betrachten wollen/ werden wir bekennen müssen/ daß die See= vnd Schiffahrten/ sonderlich zur Kauff= vnd Handelschafft (andere Bequemlichkeiten deß Reysens in weitentlegene Länder mit stillschweigē vorbeygangen) Höchstnothwen-
dig ja

DEDICATIO.

dig ja vnentpürlich seyen/ welches dann mit Spanien/ Portugall/ Holland/ Schweden/ Engelland/ Dennemarck/ꝛc. leichtlich zuerweisen; als die zweiffels sonder nimmermehr in so hohes Auffnehmen würden koṁen noch gestigen seyn/ wann sie allzeit bey den jhren/ hinder dem Offen/ wie man sagt/ solten gesessen/ vnd allein auff dem vesten Lande gehandelt haben.

Daß auch sich von der Schiffahrt nehren/ vnd vermittelst derselben seine Gewerbschafft treiben/ nicht wider: Sondern vielmehr mit Gottes Wort vbereinstimme/ bezeuget die H. Schrifft hin vnd wider. Schickte nicht König Salomon seine Schiffe nach Ophir/ welche jhm an Gold vnd andern Raritäten einen grossen Vorzath brachten? Waren nicht Tyrus vnd Sidon zwo gewaltige Handelsstätte/ beyde in Phœnicia am Meer gelegen/ deren in H. Schrifft mehrmahlen gedacht wird? welche sonder zweiffels jhren grossen Reichthumb/ vermittelst der stets gebrauchten Schiffahrten/ erworben vnd zu wegen gebracht haben.

Eine dergleichen denckwürdige/ vnd vberauß gefährliche Seefahrt nach Ost-Indien hat auch im Jahr Christi/ sechzehenhundert vnd achtzehen gethan/ der wol versuchte Schiffer/ Willhelm Ißbrands Bontekuhe von Horn/ welcher den 28. Tag deß Christmonats vor erwehnten Jahrs/ auff dem Schiff Newhorn/ von vngefehr 550. Lasten/ auß Texel außgefahren/ vnd endlich/ nach verflossenen sechs Jahren vnd eilff Monaten/ den 16. deß Wintermonats in Seeland wiederumb glücklich ankommen.

Dieweil dann/ gunstiger viel geehrter Herꝛ/ vermittelst der mit demselben jüngst hin nach Holland gethaner Reyse/ ich der orten zugedachter Schiffarts-Beschreibung/ welche zwar bereits durch den Truck/ aber in Niederländischer Sprach/ außgangen war/ kommen vnd gelangt bin; als hab ich mir von stund an eingebildet/ es würde dieses; Vnd was ich sonsten darbey weis

DEDICATIO.

bey weiters an Materien/ von vnderschiedlichen denckwürdige Sachen erhalten: Ein solches Werck seyn/ welches zu continuation der jenigen Schiffahrten/ so die Hulsischen hiebevor in Truck gegeben/sehr wol würde dienen/vnd also der angefangenen schönen Ordnung weiters forthelffen können. Habe derowegen mit Fleiß dahin getrachtet/ daß solche ins Teutsche vberseßt werden/ vnd demnach keinen Kosten ansehen wollen/ dieselbe/nach dem es durch mich zum Truck befördert vnd verlegt/ dem mehr erwehnten Hulsianischen Werck der letzt außgangenen Schiffarten anzuhencken/ der vngezweiffelten Zuversicht/es werde mir hierunter niemandts einige Vermessenheit zulegen/ sondern viel eher die Gedancken schöpffen/daß ich dißfals nicht mir/sondern dem gemeinen Nutzen/ dem begierigen Leser/vnd den lieben Nachkommenden/ zu dienen Vrsach vnd Gelegenheit ergreiffen wollen.

Wann nun/ günstiger vielgeehrter Herr/ mir nicht vnwissend/daß dergleichen Materien/ als diese/ er nicht allein ein Liebhaber ist/vnd solche/wann es anderst die Zeit vnd Geschäffte zulassen wollen/ mit Lust durchlieset: Sondern auch sogethanen Schiffarthen/ mehrmalen in Person beygewohnt hat/viel Liebs vnd Leyds darbey außgestanden/ vnd hiedurch den Namen eines rechtschaffenen Kauffmans erworben; vmb solcher vnd mehr anderer Vrsachen willen/hab jhme ich dieses wenige vberschreiben vnd zueignen wollen. Ohne Noth aber habe ich zu seyn erachtet/von dem Innhalt mehrbesagter Reyse diß Orts viel Wort zu machen/weil sie zumahl kurtz/ vnd allein in acht Bögen Papiers bestehet/ wozu die inligende Kupfferstücke von meiner eygenen Hand elaborirt worden. Die folgende wenig Bläter begreiffen in sich eine Seefahrt/ so durch den Befehlhaber Türck Alberts Raven/in Anno 1639. nach Spitzbergen verrichtet worden/ beyde/ wegen allerhand seltzamer Händel/ so sich dabey zugetragen/ wol würdig zu lesen.

DEDICATIO.

leſen. Bitte derohalbẑ dienſtfreundlich/ mein vielgeehrter Herr wolle dieſes mit frölichem Geſicht von mir auffnehmen / ſich hierauß meiner guten Gemühts-Meynung gegen ſich verſichern / vnd nicht zweifflen/ daß ich jederzeit ſeyn / vnd verbleiben werde. Meines vielgünſtigen vnd Hochgeehrten Herrn

Dienſtgefliſſener

Geben Franckfort am Mayn den 5.
   Tag deß Hornungs
     im Jahr 1648.

Chriſtophel le Blon

):( ):(Kurtze

Kurtze Erinnerung
an den Leser.

WOlmeynend vnd geneigter Leser: Als ich kurtzverwichener Zeit/ auff Veranlassung eines guten Herrn vnd Freunds/ mit demselben in Holland verreiset war / kame mir eines Tags/ vnter andern denckwürdigen Schrifften/ so ich der Orten gesehen/ auch eine Schiffarts-Beschreibung vor/ so im Jahr Christi sechtzehenhundert vnd achtzehen/ den 28. Decemb. durch den Seekündigen Schiffer / Wilhelm Ißbrands Bontekuhe von Horn angetretten/ vnd in Anno 1625. den 16. Tag deß Wintermonats vollendet worden. Dieweil ich dann in solcher Reiß-Beschreibung viel denckwürdige Sachen befunden / vnd insonderheit mit höchster Verwunderung gelesen/ was massen erwehnten Schiffers eigenes Schiff/ durch vnachtsame Anstekung deß Brandweins vnd der Steinkohlen / im Fewer jämmerlich gen Himmel geflogen/ vnd er/ mit allem/ was auff dem Schiff war/ zwar auch in die Lufft geschlagen/ gleichwol aber durch wunderbare Schickung Gottes / beneben nur noch einem seiner Reißgefehrten/ beym Leben erhalten worden/ vnd was dergleichen mehr ist; als hat mich für gut angesehen/

Erinnerung an den Leser.

sehen/ gedachte ReyßBeschreibung an mich zu erkauffen/ vnd dieweil sie in Niderländischer Sprach verfast war/deßwegen selbige ins Hochteutsche versetzen zu lassen/ damit sie also vermittelst deß offenen Trucks/den ich gleichfals auff meinen Vnkosten verlegt/ männiglichen möchte kund/ vnnd auch bey vns Teutschen solch seltzame Schickung Gottes offenbar werden: Wozu mich dann insonderheit angetrieben die vormals schon in Truck außgangene Hulsianische Schiffarthsbeschreibungen/ deren 23. an der Zahl/ vnd zwar jede absonderlich in 4to außgefertiget/ damit solches Werck mit der Zeit mehr vnd mehr möchte fortgeführt/ vnd den Liebhabern dergleichen lustiger Materien hiedurch zum besten gedienet werden. Befinde ich nun/ daß meine gute Intention wohl auffgenommen wird/werde ich daran seyn/ daß mit nechstem (da vns Gott allerseits gesund spahren wird) was lustigers folgen solle/darzu ich dann bereits schrifftwürdige Materien genug bey der Hand habe. GOtt befohlen.

Beschrei-

Beschreibung der wunderbarlichen
Reyse Wilhelm Ißbrands Bontekuhe
von Horn.

IM Jahr vnsers Herrn 1618. den 28. Decembr. bin ich Wilhelm Ißbrands Bontekuhe für Schiffer auff dem Schiffe Newhorn/ mit einem Ostwind auß Texel gefahren/ das Schiff ware vngefehr von 550. Lasten/ vnd waren darauff 206. Mann.

Den 29. dito fuhren wir vorbey die Hoofden oder Heubter.

Den 30. dito sahen wir Portland.   Den 31. Pleymunden.

Den 1. Ianuar. 1619. passireten wir Engellands End/ der Wind bliebe noch immer Ostlich/ wir stelleten vnsern Curs S. W. S. in die See.

Den 2. dito lieffe der Wind S. O. stelleten vnsern Lauff S. S. W. mit starckem Wind.

Den 3. lieffe der Wind Sud/ wir lieffen mit starckem Wind W. S. W. an.

Den 4. lieffe der Wind S. W. vnd nahme so zu/ daß wir die Marssegel einziehen müsten. Zu Nachts fienge es an so hart zu wehen/ daß wir die Focke einnahmen/ vnd mit einem Segel Westwarts vberlieffen.

Den 5. dito deß Nachts schluge das Wasser zu dreymahlen in das Schiffe/ also daß das Bovenet schier halbvoll Wasser ware/ darauff das Volck anfienge zu ruffen: Wir sincken/ wir sincken/ die Bugpforten sind offen. Ich lieffe/ als ich das hörete/ eylends herfür in das Galion/ vnd befande/ daß die Bugpforten noch zu waren/ rieffe derowegen: Wir haben keine Noth/ flucks gehe einer nach dem Vrck/ vnd sehe/ ob kein Wasser in dem Raum ist/ welches auch alsbald geschahe/ aber man funde kein Wasser in dem Raum/ thate derowegen stracks Anordnung/ das Wasser mit Ledernen Aymern außzuschöpffen; aber die Kisten schobbelten in dem Rumor hin vnd her/ daß man nicht wohl zum Schöpffen gelangen kunte/ biß wir dieselbe mit Brecheysen zu Stücken schmissen/ vnd also Platz vmb das Wasser außzuschöpffen kriegeten/ welches wir auch mit Gottes Hülffe

A   wieder

Vier vnd Zwantzigster Theyl.

wieder loß wurden/ trieben darnach ohne Segel/ aber das Schiffe schlingerte also / daß wir ein Segel wieder beysetzen musten / vmb damit das Schlingern vom Schiffe zu vertreiben. Das Wetter ware so vngestümm mit Regen/daß es schiene/ als ob der Lufft vnd die See fast an einander/ vnd die gantze See brennende were.

Den 6. 7. vnd 8. ware es noch jmmerzu böß Wetter mit Regen vermenget/ wir sahen den Tag ein hauffen Meuwen / also daß wir vermutheten bey der Insel Brasil zu seyn/ wo anderst eine solche Insel ist/ dann wir sie nicht gesehen haben. Wir halsten denselben Tag vmb / vnd legeten die Steven Ostwarts vber/ der Wind ware vngefehr W. S. W. Weil nun der Sturm so lang gewehret hatte ohne Auffhören / brache endlich durch das gewaltige Schlingern deß Schiffs/ vnd durch das Recken vnserer grossen Wand (wiewol wir sie an zwey Orthen geschwicht hatten) vnser grosser Mast/vngefehr fünff Klaffter vber den Bovenet/durch diesen Bruch oder Krach sorgeten wir jhn gar zu verlieren / beschlossen derowegen vnsere grosse Stäng durchzuschiessen/damit/ wo es müglich were/ wir den Mast noch in Stand halten möchten/ weil vnsere gantze Reyß daran hienge / dann wann der Mast vber Boord hette fallen sollen / hetten wir wieder müssen nach Hauß kehren; kriegeten also mit grosser Mühe vnd Vngemach die Stänge durch/liessen das Vntertheyl an der Stäng durch das obere Bovenet schiessen/ vnd trieben sie also gegen den Mast an / dardurch er mit vnser aller Frewde wieder fast stunde; der Sturm wehrete biß auff den 19. legeten dann Westwarts dann Sudwarts vber / nach dem der Wind flatterte.

Den 20. dito wurde es lieblich still Wetter / vnnd in dem wir also still dahin trieben / wunden wir vnsern grossen Mast fein fest / vnnd heffteten vnsere grosse Wand steiff dran/holeten das grosse Marssegel auß der Mars / mit der MarseRee / vnnd stelleten es anstatt vnsers grossen Segels/ setzeten die Bramstäng auff anstatt vnserer grossen Stäng/ vnd führeten das Bramsegel daran / also daß wir es alles wieder zu recht brachten / vmb die Reyß zu vollführen / stelleten vnsern Lauff nach den CanariInseln S. S. W. an/ der Wind war S. O. vnd schön Wetter/ also daß wir durch die Bequemheit deß Wetters wieder auff vnsere Stell kamen.

Den 21. sahen wir hinter vns ein Schiff/ welches vnserm Muthmassen nach trachtete vns anzukommen/ wir wurffen es auff die Ly/ vnd erwarteten seiner; es ware ein OstIndisch Fahrer/ der den 29. Decemb. 1618.

gefahren

Vier vnd Zwantzigster Theyl.

gefahren/ deß Tags darnach/ als wir zu Texel außgeloffen; es stunde mit jhnen wohl/ vnd hatten durch den Sturm kein Vngemach gelitten: Das Schiff hiesse New Seeland / der Schiffer Peter Tyß von Ambsterdam: Wir hatten gute Gesellschafft an einander/ segleten bey nahe so hart/ als sie/ wiewol wir mit Seglen so wohl nicht versehen waren/ wie oben gemeldt.

Den 23. sahen wir noch ein Segel am Stürboord auß / lieffen darnach zu/ vnd vernahmen/ daß es das Schiff Enckhausen ware/ welches mit vns/ vmb nach Ost Indien zu fahren/ außgeloffen/ der Schiffer hiesse Jan Jaxsen von Enckhausen; waren also vnserer drey in einer Gesellschafft/ fuhren einander am Boord zu Gast/ vnd erzehleten vnser Wiederfahren; richteten vnsern Lauff nach den Canari Jnseln/ die wir auch in Gesicht bekamen/ der Wind ware S. O. vnd schön Wetter/ suchten die Jnsel St. Antoni anzutreffen/ vmb Erfrischung zu haben/ aber konten sie wegen deß Nebels vnd Regen nicht zu sehen bekommen/ derowegen wir/ vmb gewiß zu gehen / vnsern Lauff nach der Jnsel Majo oder del Fuego richteten; als wir nicht weit davon waren / wurde es ein wenig still mit vnbeständigen Winden/ vnd musten/ ehe wir ankamen/ lavieren; verlohren auch vnsere zween Gefehrten/ sie lieffen in die Jnsel Majo, vnnd wir in del Fuego, welche beyde Jnseln nicht weit von einander ligen; in Ankunfft kunten wir keinen Anckergrund finden/ lieffen in der stille hart ans Land an; wir hatten etliche kleine Masten vnd Stangen mit auß Holland genommen/ die brachten wir herfür / segeten eine Stange von 14. Handbreit mitten durch/ macheten zwey Wangen darauß/ vnd legeten sie neben andern Wangen auff vnsern Mast/ welches jhn so starck/ als zuvor jemals/ machete; vnterdessen sandten wir vnsere Schlup vmb zu fischen auß / aber als dieselbe nahe ans Land kamen / stunden die Spanier mit geladenen Rohren am Strand/ vnd wolten vnser Volck am Land nicht haben/ brachten also wenig Fische/ die sie noch gefangen hatten/ dieweil wir noch stets mit vnserm Mast zu Werck giengen/ vnd alles mit sammentlicher Frewd wieder klar macheten/ dann der Mast stunde wieder so schön/ daß es ein Lust ware; er ware beynahe so dick/ als ein Kirchpfeyler/ wir kamen noch denselben Abend wieder auß der Calme oder Stille in die See/ vnd richteten vnsern Lauff die Æquinoctial Linie zu passiren.

Weil wir also an der Jnsel anlagen/ kame ein solcher Staub vom Lande/ als wann es gebrante Aschen were/ vnd stäubete so dick an das Wand vom Schiffe/ daß es nicht anderst außsahe/ als wann es mit weisser Aschen bestäubet were worden. Deß andern Tags/ als eben der Koch zum Morgenessen

genessen auffgeschafft hatte / sahen wir zwey Schiffe in die Ey hinden auß/ wir segleten nach jhnen zu / vnd befunden nach Ankunfft / daß es vnsere zween Gefehrten waren / nemblich die Schiffe New Seeland vnd New-Enckhausen / die zu Nachts bey den Jnseln Majo vnd del Fuego von vns wegkommen waren / wir wurden sehr erfrewet / fuhren einander an Boord / vnd erzehleten / was vns zugestanden: Sie hatten an der Jnsel Majo ans Land gesetzt / vmb etwas Erfrischung zubekommen / aber fruchtloß / vnd hatten noch darzu zween Mann verlohren / so von den Spaniern todt geschlagen wurden.

Als wir vnter die Linien kamen / wurde es still / doch hatten wir auch bißweilen harte Travaden mit Regen vnnd Wind / der bißweilen auß allen Ecken kame / also daß wir drey Wochen zubrachten / ehe wir die Linie Æquinoctial passiren konten: Bey der Nacht hatte es bißweiln das Ansehen / als ob die gantze See Fewer were / so brausete sie / vnd schienen Funcken Fewers zu seyn / die vorn an den Bug deß Schiffs stiessen / bey Tag hörte es auff / vber welches vngewöhnliche Fewren der See wir vns alle sehr verwunderten.

Vnsern Lauff stelleten wir vmb vber die Abrolhos zu kommen / hatten einen SudOsten Wind / als wir da ankamen / stillete der Wind also / daß wir besorgeten / wir würden nicht können drüber kommen / doch je näher wir kamen / je mehr der Wind raumete / daß wir gleichwol so nahe neben hin lieffen / daß wir die eusserste Jnseln sahen / vnd kamen also mit Gottes Hülff vnd vnser aller Frewd darüber / dann hetten wir müssen wenden / so würde es ein langwierige Reyß vnd viel Krancken gegeben haben: Wir gaben denselben Tag dem Volck doppelte Ranson von Essen / vnd an jedem Back oder Tisch eine Flaptkanne Spanischen Wein / vnd stelleten vnsern Lauff nach der Jnsel Tristant de Conte, welcher Höhe wir nach etlichen Tagen erlangeten / aber sie nicht zu Gesicht bekamen. Wir hatten einen N. W. Wind / lieffen damit Ostlich nach dem Capo de bonne Esperance an / vnd als wir ein Zeitlang den Cours gehalten hatten / sahen wir schwartze gesprenckelte Meuwen / deren wir bißweilen zur Kurtzweil etliche fiengen mit einem Hölzlein / da wir ein Häutlein von Schmeer vberzogen.

Wann man die obgedachte Meuwen siehet / so ist es ein Zeichen / daß man dem Capo de bonesperance nähert / dann sie folgen einem biß an dz Capo. Aber das ist ein vnfehlbar Zeichen / das Capo zu sehen / wann man nemblich in der Theylung deß Compasses befindet / daß der Compaß recht Suden vnd Norden hält / dann sehet nach dem Land / wir probireten das / vnd sahen das Land vom Capo de bonesperance, aber es wehete so sehr auß den Westen /

daß

Vier vnd Zwantzigster Theyl.

daß wir mit einer gebolden Fock lieffen vnd nicht anlegen dorfften / versamleten den Schiffsrath vnd resolvirten das Capo vorbey zufahren / weil wir noch alle miteinander gesund Volck vnd keinen Mangel an Wasser hetten/ lieffen also vorbey im letzten von Majo nach dem wie fünff Monat waren auß Holland gewesen.

Wir hielten vnsern Cours neben dem Land hin / biß an daß Land Terra de Natal genant / wir hatten im vorbeyfahren schön Wetter / fuhren einander an Boord vnd macheten vns lustig: Dieweil aber das Schiff Enckhausen bestellet ware nach der Kust von Coromandel zu lauffen / muste es vns verlassen vnd einen andern Cours anstellen vmb inwendig der Jnsel Sanct. Laurens oder Madagascar durch vnd weiters nach den Maysottes vmb sich zuerfrischen / zufahren / namen also Abscheid vnnd wünscheten einander glückseelige Reyse: Wir vnd daß Schiff Neuseeland richteten vnsern Lauff aussen vmb die Jnsel St. Laurens zufahren / vnd so lang wir beyeinander blieben / kamen wir einander an Boord vnd sewreten eine Nacht vmb die ander / doch konten wir vns hernacher wegen deß Cours nicht vergleichen also daß wir von einander schieden / vnnd lieffe ein jeglicher den Cours der jhm am besten dauchte: New-Seeland liefe zween Strich sudlicher als wir vnd hatten allbereit zimblich viel Krancken.

Als wir nun nach vnserer Scheydung zimlich lang gefahren hatten vnd auff 23. Grad Höhe / besuden der æquinoctial linie waren / wurden vnserer teglich viel Kranck / dahero die Officirer auß antrib deß gemeinen Volcks in die casut kamen vnd begehrten daß man an der Jnsel Madagascar, vmb sich zuerfrischen anlenden solte / weil zu besorgen stünde daß alles das Volck noch kranck würde werden / weil schon wol 40. darnieder lagen vnd jhrer viel sich klageten: Wurde derowegen von dem gantzen Schiffsrath beschlossen / daß man es an Madagascar solte gehen lassen nach einen bey Sancta Lucia genenet ; Aber wir kunden bey Ankunfft keine bequeme Anlendung finden / wurffen also den Boot auß vnd fuhre ich wohl bemannet mit dem Boot ans Land / allda die See so gewaltig gegen d' Land anstiese dz wir vns nit getraweten anzufahren / wir sahen etliche personē am Strande vnd ein Schiffburs sprunge vber-Boord vnd schwumme zu jhnen / aber kunte sie nicht verstehen / sie wiesen mit der Hand besser hinunder / gleichsam zubedeuten daß allda wol anzukommen were / vnd weil sie keine Erfrischung bey sich hatten musten wir vnverrichter Sachen wieder vmbkehren / welches zwar vns allen / aber Jnsonderheit den Krancken sehr beschwerlich fiele: Liefen also wieder in die See vmb den Suden biß auff die Höhe von 29. Grad /

A iij   wende-

wendeten alßdann wider vmb/vnd lieffen Ost zum Suden an/biß wir vns auff 17. Grad Sud von der linie befanden: Da ersuchte das Volck wieder jrgends anzulenden/vnd einige Erfrischung zusuchen/welches wir auch gut befanden / dann wir sahen daß alle Tage noch mehr einfielen vnnd etliche auch storben : Resolvirten darumb die Insel Mauritius oder die Insel Mascaring zu besegeln/ stelleten den Cours zwischen sie beyde ein / dann sie nicht weit voneinander ligen / vnd kamen ans Ostende der Insel Mascarinas an Land/liessen hart bey dem Eck vmb/ neben den Wal her/funden 40. Klaffter tieff hart am Land/liesen den Ancker fallen / doch ware der Ort zum anlegen vnbequem/weil er so nahe am Land ware: Werender Zeit kamen die Krancken mit hauffen auß jhren Legern vnd wolten an Land seyn/ dann sie hatten den Lufft schon in der Nasen / aber weil die See zimlich anliefe hatten wir Bedenckens mit den Krancken anzufahren / schicketen den Boot ans Land vmb die Gelegenheit zu erkündigen / diese funden am Land ein Hauffen Meerschildkrotten vnnd nach Ankunfft hielten die Krancken noch jmmer an daß man sie ans Land bringen solte/ sageten/weren wir zu Land wir weren schon halb gesund: Aber der Kauffmann Heyn Roll wolte es keines wegs bewilligen / wendete vor es were hie gefährlich/ vnd wir könten leicht vom Land treiben vnnd von vnsern Leutē abkommen; aber weil das Volck noch jmmer anhielte vnd mich mit gefaltenen Händen bate/ erweichten sie mich endlich daß ich zum Kauffmann gienge vnd jhn fragete ob er es zustehen wolte / welcher antwortete nein in keinerley Weiß / darauff sagte ich so will ich es auff mich nehmen: Liefe darauff zum Volck vnd sagte/nun wolan jhr Gesellen/helfft einander in den Boot ich will euch ans Land bringen: Darauff hulffe man den Krancken in das Boot/vnd ich langete jhnen ein Segel zu einem Gezelt/wie auch Oel vnd Essig / Töpffe zum kochen/neben anderer Essenspeiß/wie auch Köche die der Krancken warnehmen vnd jhnen kochen solten/vnd fuhr also mit jhnen nach dem Land zu.

So bald sie ans Land kamen / krochen sie beyeinander ins Graß/ vnd sageten daß sie bereits besserung fühleten : Wir funden auff den Bäumen ein grose Mennig Waldtäube/die sich mit den Henden greiffen liesen vñ mit Stecken todschlagen/ ohne daß sie einest wegflogen; wir fungen denselben Tag bey zweyhundert / macheten vns damit ans sieden vnd braden so wol für die Gesunden als Krancken.

Auch funden wir ein Hauffen Schildkrotten / die kocheten wir mit Zwetschcken/derer wir genug auß Holland mitgebracht hatten: Ich fuhre endlich wider an Boord / vnd liese die Krancken derer vngefehr 40. waren
mit

Vier vnd Zwantzigster Theyl.

mit den Köchen am Land bleiben: Als ich wider zu Schiffe kame/ wurde gut gefunden/ daß (weil das Schiff an einem bösen gefährlichen Ort lage) ich mit dem Boot wol bemannet deß nachts neben dem Land solte hinfahren/ zusehen ob nit im bessere Reede zuerlangen were/ welches ich thete/ vnd funde einen schönen Sand bey vngefehr fünff Meylen von vnserm Schiffe/ fuhren allda an/ vnd funden ein stehendes Wasser aber nicht sehr frisch/ welches vnsers Vrtheyls daher kame/ weil es vber drey Schifflenge nicht vom Strand ware/ daß also das Seewasser durch den Sand leckete vnd es brack machete.

Als wir weiter hinein ruckten funden wir ein Hauffen Gänse/ Tauben/ grawe Papageyen/ vnd ander Gevögels / wie auch viel Schildkrotten/ sahen wol zwantzig oder fünff vnd zwantzig / vnder den Schatten eines Baums ligen konten so viel kriegen als wir nur wolten: Die Genß waren so klug nicht daß sie auffflogen wann wir jhnen nachjageten/ konden sie mit Stecken todschlagen: Es gabe auch etliche Todarsche/ die hatten kleine Flügel aber konten nicht fliegen/ waren so feyst daß sie nicht wol gehen konten/ sondern den Arsch jmmer auff der Erden hinschleiffeten.

Aber daß meiste zuvorwundern ware daß wann wir einen von den Papagayen oder andern Vögeln hielten vnd ein wenig plageten/ daß er anhube zuschreyen/ kamen alle die andern in der Nähe herumb/ jnen gleichsam zuhelffen/ vnnd liesen sich auch fangen/ also daß wir genug zuessen kriegeten: Nach deme wir nun alles wol besichtiget hatten / fuhren wir wieder zu Schiffe vnnd kündigten vnserm Volck die gute Reede an die wir gefunden hatten/ welches sie alle wol gemuth machete/ thaten auch vnserm Volck am Lande zuwissen daß wir noch fünff Meylen weiter fahren / vnd sie darnach abholen wolten/ damit sie wol zufrieden waren.

Also huben wir die Ancker auff vnd fuhren darnach zu / setzten vns in obgedachten Sand bey auff 35. Klaffter/ liesen darauff das Volck meist ans Land lauffen vmb zu börschen: Auch bestelleten wir 8. Mann mit den Zuggarn in den stehenden Wasser zufischen/ welche schöne Fisch fingen Harders vnd andere Fisch in der Gröse wie Salmen sehr wohlgeschmack.

Auch funden wir frisch Wasser nemblich ein kleines Bächlein / so von den Bergen den Strand nach zulieffe/ auff beyden Seiten sehr zierlich mit kleinen Bäumen bewachsen da das Wasser so klar durchflosse als ein Christall: Wir brachten alle vnsere lebige Fesser ans Land fülleten sie vnnd liesen sie stehen biß wir wider gedächten wegzufahren.

Bey diesem Wasser funden wir auch ein Brett auff welchem eingegraben

graben ware/ daß der Commandeur Arian Martz Block were mit einer Flot von 13. Schiffen da gewesen/ vnd daß sie etliche schloupen mit Volck allda verlohren hetten/ dieweil die Schloupen im anlenden zu stücken gangen vnd die Leut ersoffen weren.

Auff dieser Insel Mascarinas wohnen keine Leute/ vnser Volck lieffe meist die gantze Insel durch/ vñ burscheten vberal/ erhielten sich von den Vögeln vnd Fischen/ wusten die Vögel an hölzern Spissen schön zu braden vñ mit Schmaltz auß den Schildkrotten zubetrüfflen/ daß es ein Lust vmb zu essen ware.

In einem ablauffenden Wasser funden sie auch grosse wolgeschmackt Aall welche sie in jhren Hembdern fiengen/ so sie also offen in den ablauffenden Wasser hielten.

Wir sahen auch mit Verwunderung wie die Schildkrotten deß morgens auß der See an den Strand krochen vnd ein Loch in den Sandgruben/ jhre Eyer in grosser Anzahl zu hundert ja zweyhundert darein legeten/ vnnd dann den Sand wieder darüber scharzeten; welche Eyer darnach durch die Hitze der Sonnen außgebrütet wurden/ daß junge Schildkrotten darauß krochen in der Gröse wie Nußschalen.

Wir sahen auch etliche Böcke lauffen/ aber weil sie zu wild/ konten wir keinen bekommen/ ohne einen der so alt/ daß seine Hörner von den Würmen auffgefressen wurden/ vnd zur Speise vnbequem ware.

Wehrender Zeit wurden vnsere Krancken alle wider frisch vnnd gesund/ biß auff sieben/ die noch zu Bett blieben/ die wir darnach als wir fertig waren mit den Boot wieder zu Schiffe brachten.

Wir beschmierten das Schiff inwendig vnnd außwendig mit Teern vnd theten alle Läden auff/ damit der Lufft durch vnnd durch könte gehen/ an etlichen Orten besprengeten wir es mit Essig/ alles vmb guter Lufft im Schiffe zu machen.

Wir hatten einen Sonnenweiser ans Land gesetzt/ daran wir allezzeit sehen konten wie spät es am Tage war: Vnd dieweil wir den Vögeln täglich nachlieffen/ wurden sie endlich so schew/ dz sie wegflogen wann wir vns nur näherten vñ als einsmals vnser Obersteurmann Jan Peter von Horn mit einem Verrohr ans Land ginge vmb noch etliche Gense vnd andere Vögel zu schiessen/ springet nach etlichen schiessen das Rohr vnd fehret jhme die Schrauben recht vber ins Auge/ also daß er sein eines Auge verlohre.

Endlich rüsteten wir vns wider zum wegfahren/ zogen vnsere Segel auff/ holeten Wasser zu Schiff/ vnnd sanden einen Trommelschlager ans Land/

Vier vnd Zwantzigster Theyl.

Land / der das Volck zusammen schlagen vnd ruffen solte/ namen vngefehr ein hundert Schildkrotten mit ins Schiffe/ wir hatten vns auch wohl versehen mit Gevögels vnd dörten Fischen / die das Volck gefangen vnd gedörret hatten: Wir in der Casut hatten ein gantzes Faß voll halbgekochter Gense in Essig eingelegt/ wie auch ein zimliche Anzahl Fische.

Vnd nach dem wir 21. Tag allda gelegen waren/ giengen wir wieder zu Segel stachen bey den Wind vber/ vnd hoffeten die Insel Mauritius zu besegeln/ aber kamen zu nieder / kunden sie von vnden auff wohl sehen aber nicht ankommen: Dann wiewol wir an der Insel Mascarinas so lange vns hatten auffgehalten/ vnd von allen was die Insel vermochte genug bekommen hatten / so ware vnser Volck doch nicht alle zur Gesundheit kommen/ dann jhrer viel sich noch klageten: Weßwegen dann die Officirer im nahmen deß Volcks in die Casut kamen vnnd fragten / ob es nicht Rahtsam were/ noch an einen andern Ort zur Erfrischung anzulegen/ dieweil dz Volck noch nicht aller gesund were / wir auch noch lang vmb den Suden lauffen musten/ ehe wir den Wind nach Wunsch haben könten vmb nach Batavia oder Bantem zu Seglen/ daß es vns konte fehlen vnnd das Volck wieder einfallen: Darauff wir nach langer deliberation mit dem Schiffrath Gut funden/ daß wir es nach der Insel Sancta Maria wolten gehen lassen/ welche nahe bey dem Land Madagascar ligt recht an den grosen Bay Antongiel, richteten vnsere Lauff darnach zu bekamen sie ins gesicht vnd lieffen oben am Westende der Insel vmb/ auff 6. 7. zu 8. Klaffter Wasser/ kunden den Grund so klar sehen als den Tage/ lieffen an daß Inner Eck der Insel vnd satzten vns auff 12. a. 13. Klaffter guten Grund.

Die Inwohner deß Lands kamen bald mit einer Prawen (oder Nachen auß einem Baum gehawen) am Boord/ brachten etwas Aepffel/ Limonen/ Reiß Hüner mit/ deuteten daß sie zu Land mehr hetten/ vn das zu einen Muster brechten; bewiesen vns durch kenliche Zeichen deß Mundts daß sie auch Kühe/ Schafe/ Kelber Hüner vnd anders hetten/ rieffen/ buu, bee, Kuckelu, daß bedeutete/ Kühe/ Schafe/ Hüner: Wir gaben jhnen auß einer silbern Schalen Wein zutrincken/ sie wusten sich nicht anzustellen recht darauß zutrincken/ steckten den Kopff mit dem Gesicht in die Schalen/ vnnd druncken wie das Viehe auß einem Aymer trincket/ vnd als sie den Wein im Leibe hatten/ rieffen sie als ob sie närrisch weren: Sie giengen gantz nacket/ hatten nur ein Tüchlein vmb die Mitte waren schwartzgelb von Farben.

Wir fuhren alle Tag ans Land vnd tauscheten/ Kelber/ Schafe/ Reiß/ Milch/ für Schellen/ Löffel/ schlechte Messer vnd gläsere Paternoster: Die

B   Milch

Vier vnd Zwantzigster Theyl.

Milch brachten sie in Blättern so in einander geflochten waren / die wir darnach auffschnitten vnd die Milch herauß lauffen liessen: Wir tauscheten auch Epffel vnnd Limonien aber wenig: Beschlossen derwegen mit dem Schiff auff ein Meyl zwey oder drey weiter zu seglen / aber konten da auch wenig bekommen: Wurde also gut gefunden daß ich mit den Boot wol bemannet/ neben etlichen wahren an daß Land Madagascar vberfahren solte/ zu besehen/ ob allda etliche Epffel vnnd Limonien zubekommen weren/welches ich thete/kame an ein Wasser daß wir wol ein anderhalb Meyl auffruderten/vnnd hetten es noch ferner gethan / aber die Beume hingen auff beyden seiten deß Vffers so dick vbers Wasser daß wir es musten anstehen lassen kunden weder Leuth oder Früchte vernehmen / sondern musten vnverrichter Sachen wieder vmbkeren: Wir schlieffen ein Nacht am Land/vñ kamen nach drey Tage außbleibens wieder wol zu Schiffe an: Fuhren also deß Tages darnach wieder an die Insel da das Schiff lage vnnd kriegeten noch ein Theyl Limonen/Pomerantzen/Milch / Reiß vnd Bananas, vnnd wurde all vnser Volck in der Zeit wieder so frisch vnnd gesund als ob sie erst auß Holland angelanget weren.

Wir nahmen offtmals wann wir ans Land fuhren einen Spillman mit der auff der Geigen spielete/welches dem Landvolck allda so wunderlich vnd frembd fürkame daß sie nicht wusten wie jhnen ware / satzten vnd stunden rings vmbher/ schnaltzeten mit den Fingern/ dantzeten vnnd sprungen vñ waren frölich: Wir kunten keine Anzeigung einiger Erkandnuß Gottes bey jnen spüren/hatten nur an etlichen Orten für den Thüren Ochsenköpff auff Stägen gestecket/da sie (wie wir merckten) für niederfielen vñ anbade.

Den 9. Tag nach deme wir allda ankommen waren/ vnd vnser Volck wider allerdings frisch vnd gesund ware/ bogen wir vnser Schiff auff ein Seite so viel wir konten/vnnd macheten es vnden schön/ giengen darauff zu segel/liessen vmb den Suden auff die Höhe von 33. Grad/ kehreten darauff wider Ostwarts / vnd stelleten vnsern Cours nach der Straß von Sunda zu/vnd als wir auff die Höhe von 5½. Grad. gekommen waren/welches die Höhe ist der Strassen von Sunda an den 19. Tag Novemb 1619. ist durch das Pumpen vom Brandewein der Brand in Brandewein kommen.

Deß Botteliers oder Kelners Gesell ginge (seiner Gewonheit nach den Nachmittag mit seinem Fäßlein in den Raum/ vnd wolte daßselbe voll pumpen/vmb dem Schiffvolck deß andern Tags jre Gebür/jeden ein Gläßlein voll außzutheilen: Er name ein Licht in ein steckenden Leuchter mit/vnd sticht den oben in ein Faß daß eine lage höher/ als dz andre/da er auß pumpete; wie er nun sein Fäßlein voll hat/will er den Leuchter wider herauß ziehen/
vnd weil

Vier vnd Zwantzigster Theyl.

vnd weil er jhn ein wenig starck eingesteckt/ ziehet er mit Gewalt an/ da ist eben ein Dieb oder Butzen am Liecht so herab vnnd eben in den Spund deß Fasses da er auß gepumpet hat/felt/ davon der Brandewein stracks Fewer empfengt/ daß fast auffstöst vnnd vnden durch leufft da Steinkolen lagen; Stracks wurde geruffen Brand/Brand; darauff ich stracks in den Raum lieffe/vnd fragete wo were er/ sie zeigeten mir das Faß/ aber als ich meinen Arm darein steckete/konte ich keinen Brand fühlen; dann der kellners Gesell hatte zwey Gülden mit Wasser bey sich gehabt/die hatte er darauff gegossen/dardurch der Brand/wie es schiene/gelöscht ward/doch fordert ich noch Wasser/ vnd gosse mit ledernen Eymern so lang biß daß wir keine Anzeigung deß Brandts mehr spüren konten vnd davon giengen; aber vber ein halb Stund rieffe man wieder Brand/ dardurch wir alle sehr erschracken/ gingen in den Raum/ vnd funden daß das Fewer von vnden auffschluge/ dann der Brand ware durch den Brandewein in die Steinkolen kommen/ vnd die Fässer lagen drey oder vier hoch vbereinander/also machten wir vns wieder ans giessen/vnd gossen was wir jmmer konten.

Aber da kame ein newer Vnfall/ dann durch daß giessen in die Steinkolen erhube sich so ein stinckender schwefelicher Dampff daß man hette ersticken mögen/ich ware daß meiste in dem Raum vnd ordnete alles an/liese bißweilen das Volck vmbwechseln/aber ich glaube/ daß ihrer etliche in dem Raum ersticket seynd vnd die Lucken oder Läden nicht haben finden können: Ich legete bißweilen mein Haupt auff die Fässer vnd kehrete das Angesicht nach den Läden zu/lieffe endlich gar darauß/ kame zum Kauffmann Heyn Roll vnd sagete/ Landsmann es wird daß beste seyn daß wir das Pulver vber Boord werffen/aber er konte dazu nicht verstehen antwortete/wann wir mit Gottes Hülff den Brand noch lescheten/ vnnd darnach etwan vnsern Feinden auffstiesen vnd auß mangel Pulvers vns ergeben müsten/würden wir es nicht können verantworten.

Der Brand wolte sich nit stillen/vnd in dem Raum kund man nit mehr dauren wegen deß stinckenden Rauchs/ wir hieben Löcher in den Vberlauff gossen durch dieselben/ vnd die Läden gewaltig viel Wasser/aber es wolte alles nicht helffen: Vnsern grosen Bood hatten wir wol drey wochen zuvor außgesetzt vnd schleifften jhn hindennach/vnd die Schloup die forn auff dē Bovenet stund/wurde auch außgesetzt weil sie vns verhinderlich ware zum wasserschöpffen; vnd weil so groser schrecken im Schiffe ware wiewol zu erachten/dann man sahe nichts für Augen als Fewer vnd Wasser ohne Hoffnung einiges entsatzes/weil man weder Land oder Schiffe sehen konte/liessen etliche auß dem Volck bißweilen vber Boord/krochen stillschweiges mit

B ij   dem

dem Kopff vnder die Küsten daß man sie nicht sehen solte / liessen sich in das Wasser fallen vnd schwumen an die Schuyt vnd Boot verborgen sich vnder die Ruderbenck vñ sonsten/biß sie sich achtete starck genug zu seyn: Heyn Roll kompt vngefehr in die Galdery vnd verwundert sich vber so vielē Volck in der Schuyt vnd Boot/sie rieffen jhme zu/ wann er mit wolte so könte er sich am Schiffe niederlassen/dieser lest sich vberreden vñ kompt also zu jhnen: Er sagete jhr Menner last vns warten biß der Schiffer auch kommet/ aber er hatte da kein Commandement mehr/so bald sie jhn hatten / schnitten sie die Seyler entzwey vnnd ruderten vom Schiff weg : Bald kamen die im Schiff in grosen Schrecken zu mir da ich allenthalben Ordre stellet vmb/ so es müglich were/ den Brand zu leschen vnd sageten ach lieber Schiffer was sollen wir thun/beyde Schuyt vnd Boot rudern vom Schiffe weg/ich antwortete/seynd sie weg/so haben sie nit in willens wider zukommen/ lieffe eylends hinauff/ vnd sahe wie sie hinweg ruderten/ die Segel lagen damals alle nieder / ich rieffe stracks flur spannet die Segel auff wir wollen sehen ob wir sie erseglen können vnd vber jhnen herfahren/daß sie dieser vnd jener hole:Darauff spannete man die Segel vnd fuhren auff sie zu/ aber als wir jhnen näherten/ruderten sie gegen dem Wind vom Schiff abe/dann sie begehreten nit bey vns zu seyn: Ich sagete zu meinen Leuten/jhr Menner wir haben nun nechst Gott vnsere Hülffe bey vns/wie jhr sehen könnet/ein jeglicher brauche sich nur bestes Vermögens den Brand zu löschen / machet euch stracks nach der Pulverkammer vnd werffet das Pulver vber Boord: Ich verfügete micht neben den Zimmerleuhten aussen vmb das Schiff/ zusehen ob wir mit Bohrern Löcher Bohren vnd das Wasser auff ein anderhalb Klaffter tieffe ins Schiff kónten lassen/ vmb also den Brand von vnden zuleschen/ aber kunten wegen der Menge Nägel vnnd ander Eysenwerck nit durchkomen:In summa ich kan die Angst nit gnug außsprechen/ das Geheul vnnd Geschrey ware auß der massen groß/wir gossen endlich so viel Wasser daß es sich ansehen liese als wann der Brand minderte/aber ein klein wenig darnach kame der Brand ins Oel/da ware der Muth gar verloren/ dann je mehr man gose je mehr es brande/ so sehr sprutzete das Oel da ware solcher Jammer heulen vnd schreyen im Schiff/ daß einem die Haar zu Berg stunden/ ja der Angstschweiß einem abliffe/ doch gossen wir vnd lehrete das Pulver auß biß das Fewer auch darein kame/vngefehr 60. Feßlein pulver hattē wir außgeworffē/vñ hatten noch in dreyhundert darinnē/ damit wir alle miteināder auffflogen:dz Schiffe sprung in hundert tausend stücken/119.personē warē noch im Schiffe als es sprūg: wie es anging stūde

ich

Vier vnd Zwantzigster Theyl.

ich bey dem grossen Hals oben auff dem Schiffe/ vnd vngefehr 60. Mann stunden eben für den grossen Mast/ die das Wasser vbernahmen/ die wurden alle mit einander zu kleinen Stückern geschlagen/ so wohl als alle die andern: Vnd ich Wilhelm Ißbrands Buntekuhe/ damahls Schiffer/ floge auch mit in die Lufft/ wuste nicht besser/ als ich würde sterben/ streckete die Arm gen Himmel/ vnd rieff: Da fahre ich hin / Gott sey mir armen Sünder gnädig/ meynete an meinem letzten Ende zu seyn/ hatte gleichwol im Auffstiegen meinen vollen Verstand/ vnd fühlete ein Liecht in meinem Hertzen mit Frölichkeit vermenget/ fiele also wieder ins Wasser zwischen die Stücker vnd Breter deß zerschlagenen Schiffes; im Wasser empfienge ich so ein newen Muth/ als wann ich newgeboren were/ vnd als ich mich vmbsahe/ so lage der grosse Mast an einer/ vnd der Focke Mast an der andern Seiten/ ich stiege auff den grossen Mast/ vnd legete mich darauff/ vbersahe das Werck einest/ vnd sprach: O Gott/ wie ist das schöne Schiff vergangen wie Sodoma vnd Gomorra/ vnd in dem ich da lige/ vñ keinen lebendigen Menschen vmb mich sehen konte/ kompt ein Junger Gesell neben mir auff Strudeln/ schmisse mit Händen vnd Füssen vmb sich/ vnd gelangete an deß Stevens oder Vorschiffsknopff / so wieder empor war kommen/ sagend: Damit bin ich dardurch. Ich sahe mich vmb/ vnnd sprach: O Gott/ lebet noch jemand! Der Gesell hieß Herman von Kniphausen/ war auß der Eyder. Ich sahe bey jhme ein Holtz oder kleinen Mast schwimmen/ vnd weil der grosse Mast/ da ich auff lage/ sehr hin vnd her waltzete/ also daß ich nicht wohl drauff bleiben konte/ sagte ich zu jhm: Schiebet mir das Holtz zu/ so wil ich mich darauff zu euch schieben/ vnd wollen also bey einander sitzen/ welches er thete/ vnd also kame ich zu jhme/ dann ich war im Auffstiegen so geschlagen/ daß ich sonsten nicht wohl hette können jhme beykommen; Mein Rucken ware sehr beschädiget/ vnd in den Kopff hatte ich zwey Löcher/ dann es kame so an/ daß ich dachte noch ein wenig/ so bin ich todt/ ja ich dachte/ Hören vnd Sehen solte mir vergehen.

Wir sassen so bey einander/ vnd ein jeglicher hatte ein Stück von dem Bug im Arme/ sahen vns vmb nach der Schuyten vnd dem Boot/ wurden jhrer endlich gewahr/ aber sie waren so fern/ daß wir nicht sehen konten/ ob der Vorder oder Hindertheyl nach vns zu ware/ vnd weil die Sonn schon anfieng vnterzugehen/ sagte ich zu meinem Gesellen: Herman/ es scheinet bald alle Hoffnung verlohren/ die Sonne gehet vnter/ vnd die Rachen seynd so weit/ daß man sie schwerlich sehen kan/ vnd so können wir es auch nicht lang treiben/ darumb last vns Gott den Allmächtigen vmb einen

B iij guten

guten Außgang bitten. Wir theten also/baten Gott vmb ein guten Außgang/vnd wurden erhöret/dann wie wir auffsahen/waren sie nahe bey vns/ deſſen wir ſehr fro wurden. Ich rieffe bald: Helfft dem Schiffer. Wie ſie das höreten/rieffen ſie mit Frewden: Der Schiffer lebt noch/der Schiffer lebt noch/vnd ruderten darauff nahe vnter die Stücke/dorfften aber nicht zu vns kommen/weil ſie beſorgeten/es möchte ein Stück durch den Boot oder Schuyt ſtoſſen. Herman von Kniphauſen ware noch ſo ſtarck/daß er dem Boot zuſchwumme/aber ich rieffe: Wolt jhr mich haben/ſo müſt jhr mich holen/dann ich bin ſo geſchlagen/daß ich nicht ſchwimmen kan. Da ſprange der Trombeter auß dem Boot vber Boord mit einer Bleyſchnur/die ſie noch hatten/vnd brachte mir das eine Ende/das ich vmb mich wickelte/vnd ſie zogen mich alſo in den Boot; ich kame hinden zum Heyn Roll/Wilhelm von Galen/vnd dem Vnterſtewermann Meinhart Erynß von Horn/die ſich alle ſehr verwunderten/daß ich noch im Leben ware. Ich hatte hinden am Boot in die quer ein Roeff oder Liegerplatz für zween Mann laſſen machen/da kroche ich hinein/vnd dachte/ich mage es mit mir vberlegen/dann meines Lebens wird doch hie nicht mehr ſeyn/wegen deß Schlags in meinem Rücken/vnd der zwey Löcher im Kopff/doch ſagete ich zu Heyn Roll vnd den andern: Bleibet dieſe Nacht allhie/morgen/wann es beginnt zu tagen/werden wir noch wol etwas Eſſenſpeiß vnd vielleicht auch einen Compaß finden/dardurch wir deſto eher ein Land antreffen können/dann in dem Boot ware weder Compaß oder Carten/oder Gradboge/vnd auch/ſo zu ſagen/nichts zu eſſen oder zu trincken/ſo geſchwind hatten ſie vom groſſen Schiffe abgeſtoſſen; ſo hatte auch/jhrem Sagen nach/der Oberſtewermann die Compaſſen auß jhrem Orth genommen/weil er/wie vermuthlich/Sorg hatte/ſie möchten das Schiff verlaſſen; aber in deme ich alſo in der Hütten lage/hieſſe der Kauffmann das Volck die Riemen außlegen/gleich als wann er gegen den Tag Land ſich getrawete zu finden/aber am Tage waren wir von der Schiffſtätte weg/vnd ſahen auch kein Land/alſo daß ſie gar kleinmüthig wurden/kamen hinden zu mir/vnd ſageten: Ach was ſollen wir thun/lieber Schiffer/wir ſeynd von der Schiffſtätte weg/ſehen kein Land/vnd haben weder zu eſſen vnd zu trincken/weder Bogen oder Cart/oder Compaß; was Rath iſt da? Ich antwortete/man ſolte geſtern meinem Rath nach geblieben ſeyn/ſo hetten wir wol etwas Proviant bekommen/dann das Fleiſch/Speck/Käß ſchwumme mir vmb die Bein/daß ich nicht wohl kunte durchkommen. Sie baten mich/daß ich einſt herfür kommen wolte/vnd weil ich ſo ſchwach ware/

Vier vnd Zwantzigster Theyl.

ware/ holffen sie mir darzu/ also sasse ich/ vnd sahe das Volck einest vber/ wie sie ruderten/ ich fragete stracks/ wie viel Essen sie in dem Boot hetten/ vnd sie brachten vngefehr 7. oder 8. Pfund Brod herfür/ wir hatten zwey ledige Fäßlein / da legeten wir das Brod ein. Ferner sagete ich: Ihr Leuthe/ leget die Riemen nur ein/ dann es muß anderst kommen/ ihr werdet es sonsten bald müde werden/ weil wir nichts zu essen haben/ leget nur ein. Darauff sie mich frageten/ wie sie es dann machen solten? Ich antwortete: Ziehet ewer Hembder auß/ vnd machet Segel darauß/ vnd braucht an statt deß Garns die Faseln von den Weidenruthen / die hie im Boot seynd; welches sie dann beydes in dem Boot vnd in der Schuyt theten. Zehleten darauff vnser Volck/ vnd befunden in dem Boot 46. vnd in der Schuyt 26. zusammen 72. Personen. In dem Boot ware ein blawer Kittel mit einem Kissen/ welche sie mir gaben; den Kittel zohe ich an/ vnd das Kissen legete ich auffs Haupt/ weil ich/ wie gemeldt/ zwey Löcher im Kopff hatte; wir hatten zwar den Balbierer mit im Boot/ aber er hatte keine Medicamenten/ doch kewete er etwas Brods/ vnd legete das auff die Wunden/ dardurch ich durch Gottes Gnade wieder genesen bin. Ich bote mein Hembd auch an/ aber sie wolten es nicht haben/ vnd sorgeten noch für mein Leben. Wir liessen es den gantzen Tag so treiben/ vnd fertigten vnterdessen vnsere Segel/ deß Abends waren sie vollendet/ spanneten sie auff/ vnd fiengen an zu seglen; es ware den 20. Novembr. 1619. wir richteten vnsern Lauff nach den Sternen / dann wir deren Auff- vnd Nidergang zimliche Wissenschafft hatten/ es ware deß Nachts so kalt/ daß das Volck zähnklapperte / vnd deß Tags so heiß/ daß man meynte zu verschmachten/ dann die Sonn ware meist vber vnserm Haupte.

Den 21. 22. vnd 23. Novembr. practicirten wir einen Gradbogen/ vmb die Höhe zu erkündigen/ schlugen ein Quadrant vornen auffs Schiff/ vnd zeichneten einen Jacobsstab. Wir hatten bey vns einen Schreiner/ Tenus Sibrandts von Horn genant/ der hatte einen Zirckel/ vnd auch einige Wissenschafft einen Stab zu zeichnen. Ich schnitte auch hinden auffs Bret eine Paß Carten/ stellete darein die Inseln Sumatra vnd Javamit der Straß von Sunda/ welche sie von einander scheidet/ vnd deß Tags/ da das Schiffe vergieng/ hatte ich noch die Höhe an der Sonnen genommen/ vnd fünff vnd ein halb Grad besüden der Æquinoctial Linien befunden/ vnd etwan 90. Meilen vom Land/ also fuhren wir auff vnsern Bogen vnd Carten an.

Ich gabe von den acht Pfunden Brod alle Tag jeglichem sein Portion,

tion/ so lang es wehren wolte / aber es ware bald auß / einer bekame deß Tags ein Stück so groß / als ein Glied am Finger; kein Trincken hatten wir / aber wir fiengen Regenwasser in den Segeln auff / vnd versambleten es in vnsere zwey Fäßlein.   Ich schnitte eine Nasen vorn auß einem Schuh / darauß schöpffete ein jeder einmal / vnd trancke es auß / vnd gienge darauff wieder sitzen / vnd wiewol wir so vbel versehen waren / wolte doch das Volck / daß ich meinem Belieben nach nehmen solte / dann es konte jhnen allen doch nicht helffen / aber weil ich jhren guten Willen sahe / wolte ich nicht mehr haben / als sie.

Also fuhren wir mit den zween Nachen fort / vnd dieweil der Boot stärcker im Seglen ware / als die Schuyt / vnd niemand in der Schuyt ware / der sich auff die Schiffahrt verstunde / so baten sie / als sie nahe zu vns kamen / daß wir sie vbernehmen solten / damit wir bey einander weren / weil sie vns sonst förchteten zuverlieren / aber das Volck in dem Boot ware dawider / sageten: Schiffer / nehmen wir sie ein / so ist es mit vns gethan / dann der Boot kan alles das Volck nicht tragen / also musten sie wieder weichen.

Vnser Elend war groß / wir hatten kein Brod mehr / vnd konten noch kein Land ersehen / ich vberredete das Volck allezeit / daß wir nicht weit vom Land weren / vnd daß sie guten Muth solten haben / aber sie murzeten darüber vnter sich / vnd sagten: Der Schiffer mag wol sagen / daß wir nach dem Land fahren / vnd wir fahren vielleicht vom Land abe.   Eines Tages / da man eben sagen solte / wir könten es nicht länger antreiben / gabe GOtt der Allmächtige / daß Mewen vber den Boot hinflogen / als wann sie wolten gefangen seyn / dann sie flogen vns gleichsamb in die Hände / vnd liessen sich fangen; wir rupffeten sie / schnitten sie zu Stücken / gaben jeglichem etwas / vnd assen sie also raw.   Mir schmeckten sie so wohl / als ich mein Lebetag etwas gegessen habe / ja waren als Honig in meinem Munde / hetten wir nur mehr gehabt / es ware kaum vmb nur das Leben zuerhalten / vnd mehr nicht. Vnd dieweil sich noch kein Land entdeckete / wurden wir so wehmüthig / daß das Volck bewilligte / als die in der Schuyt noch einmal baten / sie vber zu nehmen / dann weil wir doch sorgeten einmal Hunger oder Durst zu sterben / so wolten wir lieber bey einander seyn; nahmen also alles Volck vber auß der Schuyt in den Boot / imgleichen auch die Riemen vnd die Segel / welche wir auffsetzten; hatten also in dem Boot ein blind-Fock-grosse vnd Besansegel / die Riemen / derer vngefehr 30. waren / legeten wir vber zwerch / als einen Vberlauff; der Boot war so hohl / daß die Helffte deß Volcks vnter den Riemen raum sitzen konte / vnd die andern sassen oben
auff /

Vier vnd Zwantzigster Theyl.

auff / also daß sie alle darein mochten / waren also 72. Personen in dem Boot / sahen einander mit betrübten Augen an / wir hatten kein Brod / so wolte es auch nicht regnen / vnd die Mewen nicht mehr kommen. Als es nun wieder auffs eusserste ware / bersten durch Schickung Gottes vnversehens auß der See herauß eine Anzahl fliegender Fische / sind in der Grösse wie ein Spiering / vnd fliegen in den Boot / wir da auß grabbelen / vnd thete ein jeglicher sein bestes etwas zu kriegen / theyleten sie vmb / vnd assen sie so raw auff / schmecketen als Honig / aber es konte nicht viel helffen / doch es stärckete ein oder mehr / vnd thete so viel mit Gottes Hülffe / daß niemand sturbe / welches desto mehr zuverwundern ware / weil das Volck anfieng Seewasser gegen meine Warnung zu trincken / dann ich sie warnete / daß sie es nicht thun solten / weil es jhnen den Durchlauff verursachen / vnd doch den Durst nicht leschen würde. Etliche keweten Mußquetenkugel / etliche truncken ihr eygen Wasser / ich truncke mein eygen Wasser / so lang es gut bliebe / dann darnach wurde es zum Trincken vnbequemb; Die Angst wurde je länger / je grösser / vnd das Volck wurde so mißmuthig vnd verzweyffelt / sahen auch so tückisch auff einander / als ob sie sich vnter einander fressen wolten / ja redeten auch davon / vnd funden gut / erstlich die Jungen zu verzehren / vnd wann die auff weren / das Loß zu werffen / wen man antasten solte / welches mich in meinem Geist sehr entstellete / vnd bate Gott in grosser Angst / daß er es nicht verhengen wolte / vnd vns nicht versuchen vber vnser Vermögen / als welcher wisse / was für ein schwaches Geschöpff wir weren. Ich kan nicht wohl sagen / wie bang mir ware / sonderlich / weil ich meines Bedünckens etliche sahe / denen es nicht zu viel solte gewesen seyn / die Jungen anzutasten / doch ich bate für sie / vnd sagete / GOtt würde bald ein Außkommen geben / wir könten auch nicht weit vom Land mehr seyn; aber sie gaben zur Antwort / daß ich das schonlang gesagt hette / vnnd sie gleichwol kein Land entdecketen / ja wol vielleicht vom Land abführen / waren in summa gar vnwillig / stelleten mir drey Tage Zeit / wann sie darinnen kein Landt fünden / so wolten sie die Jungen verzehren / fürwar ein verzweyffelt Fürnehmen / bate derowegen GOtt mit fewrigem Ernst / daß er seine gnädige Augen auff vns wenden / vnd vns zu Land helffen wolle / damit wir kein solche Grewel begiengen. Nun die Zeit fienge an / vnnd die Noth war so groß / daß wir nicht länger dawren konten. Wir dachten offt / weren wir nur am Land / daß wir Graß essen möchten / was hetten wir dann vor Noth? Ich vermahnete das Volck mit so tröstli-

C chen

Vier vnd Zwantzigster Theyl.

chen Worten/ als ich jmmer konte / daß sie doch gutes Muths seyn solten / vnd daß es GOtt zum besten versehen würde / ware doch selber kleinmühtig/ vnnd hatte an statt andere zu trösten/ Trosts vonnöthen/ wir waren alle so matt / daß wir vns schwerlich auffrichten konten. Hein Roll ware so fern / daß wo er saße / da bliebe er; ich hatte noch so viel Stärck / daß ich den gantzen Boot von vornen biß hinden konte durchgehen.

Wir schwebeten also auff Gottes Gnade biß auff den 2. Decemb. den dreyzhenden Tage nach dem wir das Schiff verlohren hatten/ da ware es ein dunckel Lufft/mit Regen vermenget/vnd stiller Wind/ wir machten die Segel loß/ krochen darunter/ vnd sambleten auch Wasser in die Fäßlein. Das Volck ware mit Kleydung vbel versehen/weil sie eylend sich davon gemacht hatten/ vnd jhre Hembder hatten sie zu Segeln gegeben/ wie oben vermeldt/ der meiste Theyl hatte nur schlechte Leinene Hosen an/ vnd der Oberleib ware bloß/ also daß sie vmb der Wärme willen vnter die Segeltücher gekrochen waren. Ich stunde damals am Ruder/vnd machete die Rechnung nicht weit vom Lande zu seyn/vnd daß der Lufft klarer würde/ weil ich noch am Ruder stunde/aber es blieb jmmer neblicht/vnd wolte nicht klar werden/vnd von dem Dampff vnd Regen wurde ich so kalt/ daß ich einen auß den Quartiermeistern ruffete/mich abzulösen/vnd ich kroche vnter zum Volck.

Der Quartiermeister ware kaum ein Stund am Ruder gesessen / so fienge der Lufft an klar zu werden / vnd er siehet Land vor jhm/ bald rufft er mit grossen Frewden: Herauß jhr Landsleuth/das Land ist nahe von vns/ Land/ Land. Hette einer da gesehen/ wie bald wir vnter den Segeln herfür wischten/spanneten sie geschwind auff/ fuhren darnach zu/ vnd kamen noch denselben Tag an: GOtt sey Lob vnd Danck/ der vnser Bitten vnd Flehen erhöret hat/ wir thaten deß Morgens vnd Abends vnser Gebet mit fewriger Andacht/ sungen auch etliche Psalmen vor vnd nach dem Gebet/ dann wir hatten noch etliche Psalmbüchlein; ich ware die meiste Zeit Vorleser/aber als der Vorleser auß der Schuyt vberkame/ so verrichtete er das Ambt selber.

Als wir nun nahe beym Land waren / schlugen die Wellen so hart wider das Land / daß wir es nicht wagen dörffen zu landen / aber wir funden einen kleinen Busem in der Insel (dann es war eine Insel) da liessen wir einen Hacken in die See fallen / vnnd die andern macheten wir am Lande fast/ sprungen darauff/ so gut wir konten/ zu Land/ vnd

joge

Vier vnd Zwantzigster Theyl.

zoge ein jeglicher seines Wegs zum Bosscharen. Aber so bald ich das Land betrate / fiel ich auff meine Knie / vnnd küssete für Frewden die Erden / danckete GOTT für seine Gnade vnnd Barmhertzigkeit / daß er vns nicht in Versuchung geführet / sondern ein Außkommen geben hette / dann dieser Tag eben der letzte war / nach welchem das Volck vorgenommen hatte die Jungen anzugreiffen vnnd zu schlachten.

Wir funden auff dem Land viel Cocus Nüsse / aber konten vber all vnser Suchen kein frisch Wasser antreffen / doch beholffen wir vns mit dem Safft auß den jungen Nüssen / vnd von den alten assen wir / aber etwas zu viel vnd vnvorsichtig / dann wir dieselbe Nacht so kranck wurden / mit solcher Qual vnd Grimmen im Bauch / daß wir meyneten zu bersten / krochen zu einander im Sand / vnd klagete je einer mehr / als der ander / aber darnach purgirete es / darauff wir stracks Besserung fühleten / waren deß folgenden Tages wieder frisch / lieffen die gantze Insel durch / funden kein Volck / aber wol Anzeigung / daß Volck allda gewesen ware / nichts ware drauff zu essen / als Cocus Nüsse. Das Volck sagete / sie hetten eine Schlange gesehen / die wohl ein Klaffter dick war / aber ich selbsten habe sie nicht gesehen.

Diese Insel lage vngefehr 14. Meil Wegs von Sumatra / wir nahmen so viel Cocus Nüß mit / als wir lassen konten / vnd stachen deß Abends wieder von der Insel ab / nach dem Land Sumatra zu / kriegeten deß andern Tags dasselbe ins Gesicht / lieffen neben dem Land so lang hin / biß die Nüsse wieder verzehret waren / da wolte das Volck wieder zu Land / konten aber kein Gelegenheit zu landen finden / weil die See so starck anlieffe. Wir liessen 4. Mann vber Boort springen / die durch die Wellen ans Land schwimmen / vnnd neben den Strand so lang lauffen solte / biß sie eine Oeffnung fänden / da man mit dem Boot könte ankommen. Diese funden endlichen fliessend Wasser / da zohen sie jhre Hosen auß / vnd schwungen sie / daß wir zu jhnen kommen solten. Als wir da ankamen / lage eine Banck recht vor dem Mund deß Flusses / da die See so sehr gegen stiesse / daß ich sagete: Jhr Männer / ich lege da nicht an / oder jhr müsset alle zustimmen / daß wann der Boot vmbstürtzen solte / jhr mir es nicht zuverweisen hettet / sie stimmeten alle zu; vnd ich sagete: Wolan / ich wage meinen Leib bey den elwern / orbnete stracks / daß sie hinden an beyden Seithen ein Riemen außlegen / vnd an jeglichen zween Mann stellen solten / vnd ich stunde am Ruder / vnd stache also mit dem Boot in die Butieffe. Die

E ij   erste

Vier vnd Zwantzigster Theyl.

erste Wellen die kame/gosse den Boot schier halb voll Wasser; Ich rieffe: Schöpfft auß Gesellen/schöpfft auß: Vnd sie schöpffeten mit jhren Hüten vnd Schuhen/sambt den ledigen Fäßlein/meist alles auß. Da kame die andere Wellen / die wurffe den Boot voll Wassers schier biß an den Boort/also daß der Boot stunde zu sincken. Ich rieffe stets: Ihr Brüder/haltet recht/haltet recht/schöpffet auß/schöpffet auß; vnd wir hielten recht / vnd schöpffeten auß/ was wir konten. Darauff kame die dritte Wellen/ vnd die stiesse zu kurtz/ also daß wir wenig Wasser bekamen/ vnd stracks darauff wurde das Wasser eben. Wir prüffeten es/ vnd funden es frisch/darüber wir alle fro waren/legten den Boot an der rechten Seiten deß Flusses an. Als wir ans Land kamen / ware es mit langem Graß bewachsen/ vnd als wir zusahen/ so lagen Bonnen im Graß / da machete sich ein jeglicher ans Suchen vnd Essen/ ich selber thete mein bestes/ dachte meinen Theyl so wol zubekommen / als ein anderer. Etliche lieffen ein wenig vmbs Eck/ vnd funden Fewer vnd etwas Taback/welches vermuthlich die Einwohner allda vergessen/oder willens hatten ligen lassen. Wir hatten zwey Beyl in dem Boot/ darmit fälleten wir etliche Bäume/ vnd legeten in fünff oder sechs Orthen Fewer an / da sasse das Volck zu zehen oder zwölffen vmb das Fewer/vnd truncken Taback. Zu Abends bestelleten wir an drey Orthen Wacht/ auß Forcht der Einwohner / dann es ware kein Monschein / aber in derselben Nacht wurden wir so franck von den Bonnen/ die wir gegessen hatten (eben als zuvor von den Cocus Nüssen) daß wir meyneten zu sterben/ vnd eben kamen die Einwohner/ vnd wolten vns vberfallen/vnsere Wachten wurden jhrer jnnen/vnd warneten vns; wir hatten gantz kein Gewehr/ als zwey Beyl mit noch einem rostigen Degen/waren noch darüber so franck / als vermeldet / doch wolten wir vns so nicht lassen todschlagen/nahmen angebrandt Holtz/vnd zogen so im Finstern gegen sie an/ die Funcken flogen in der Lufft vmbher / welches bey der Nacht ein schröcklich Ansehen machte/ so konten sie auch nicht wissen/ob wir bewehret weren / oder nicht/ also daß sie die Flucht wieder hinter den Wald nahmen/ vnd wir brachten die vbrige Nacht in grosser Forcht vnd Angst zu/ aber ich vnd der Kauffmann wolten am Land nicht trawen/ sondern begaben vns in den Boot.

Deß Morgens am Tage kamen drey der Inwohner auß dem Wald nach vns zu / wir schicketen jhnen drey der vnsern entgegen / die die Maleyische Sprach ein wenig konten / dann sie waren schon einmal in Ost-Indien gewesen. Nach Zusammenkunfft frageten die Ingeborne/was für
Volck

Vier vnd Zwantzigster Theyl.

Volck wir weren/vnsere antworteten/ Hollender die durch Vnglück ihr Schiff verlohren hetten / vnd nun allhier etwas Erquickung/wo sie zu bekommen/tauschen wolten/die Inwohner sagten darauff daß sie Reyß vnd Hüner hetten/da wir guten Hunger zu hatten/ darauff kamen sie ferner zu vns an den Boot/fragten ob wir auch Gewehr hetten/ wir gaben zur Antwort/Gewehrs genug/Mußqueten/Pulver/Kugeln;ich hatte die Segel vber den Boot decken lassen / also daß sie nicht sehen konten was darinnen war: Darauff brachten sie vns gekochten Reyß mit etlichen Hünern; wir sucheten auff was wir für Geld bey vns hetten/vnd brachte der eine minder der ander mehr nach seinem Vermögen Realen von achten herfür/also daß wir vngefehr achtzig Stücke zusammen brachten / davon wir erstlich den Reyß vnd die Hüner bezahlten: Ich sagte nun ihr Burß esset nun tapffer/ darnach wollen wir sehen was vns weiter zu thun stehet : Nach vollender Mahlzeit/ vberlegten wir wie es ferner anzugreiffen / damit wir vns nach Notturfft versehen möchten/ vnd weil wir noch nicht eygentlich wusten wo wir waren/fragten wir sie wie das Land hiese/ konten / wiewol wir sie nicht wol verstunden/nichts anderst schliessen / als daß sie es Sumatra nenneten/ sie wiesen mit der Hand niederwarts an da Iava lage / vnd nenneten Ian Coln daß der vnser General zu Iava were/ welches die Warheit war/dann Ian Peters Coln von Horn ware damals General , also daß wir zum Theyl wusten wo wir waren/ dann wir hatten keinen Compas vnnd waren allzeit zweiffelhafftig gewesen ob wir auch recht fuhren / dieses aber machte vns zimlich mehr Muths.

Dieweil wir aber mehr Proviant von nöthen hatten zu vnserer Reyse/fuhre ich neben vier Mann in einem prawten die Revier auff/ vmb mit dem vbrigen Gelde im Dorff daß ein Stückwegs von vns lage so viel Speise zu kauffen als ich bekommen könte : Als wir da ankamen kaufften wir Reyß vnd Hüner / schickten die am Boot zu Heyn Roll / daß er vnder das Volck außtheilen solte / damit sie nicht zancketen : Vnd ich mit meinen Gefehrden liesen vns im Dorff drey Hüner mit Reyß kochen/ assen davon so viel wir mochten: Sie hatten auch einen Tranck auß Beumen gezapfft/ der so starck ware/ daß er einen konte truncken machen/ davon truncken wir auch; einest herumb/vnder dem Essen sassen die Einwohner rings vmb vns herumb/vnd sahen vns an / als wann sie die Bissen zehlen wolten/ nach der Mahlzeit kaufft ich einen Büffel für fünff vnd ein halben Real/von achten vnd bezahlete jhn/ aber den Büffel konten wir wegen seiner Vnbendigkeit nicht fortbringen/ versaumeten ein hauffen Zeit damit/ vnd dieweil es anfieng

C iij

Vier vnd Zwantzigster Theyl.

fieng spatt zu werden wolte ich mit meinen vier Gesellen wieder an Boort dachten den Büffel deß Tags darnach wohl abzuholen: Aber sie vier baden mich daß ich sie die Nacht allda solte lassen bleiben/ wanden für daß sie die Nacht bey dem Thier sitzen vnnd es wol fortbringen wolten. Wiewol Ich jhnen nun daß erstlich wiederriethe/ so bewilliget ich es doch endlich auff jhr Anhalten/name meinen Abscheyd vnd wünschete jhnen eine gute Nacht.

Als ich wieder an das Vffer kame/waren allda ein hauffen Inlender/ vnd hatten sehr viel vnder sich zuthun/ es scheint dz der eine haben wolt man solte mich gehen lassen vnd der ander nicht: Ich name zween auß dem Hauffen bey den Armen vnd stiese sie nach der Prawe zu vmbzufahren als wann ich Meister wer vñ ich war kaum Knecht; sie sahen scheutzlich auß/ doch liesen sich noch bereden/ giengen mit mir in die Prawe/ der eine sasse hinder der ander fornen/ jeglicher mit einem Ruder vnd stachen ab/ jeglich hatte einen Kieß an der Seiten/ welches ein gewehr ist wie ein gestamter Tolchen: Als wir ein Weil gefahren hatten/kame der hinderste zu mir zu(dann ich sasse mitten in der Prawen) vnd wiese daß er Geld haben wolte/ich griefe in Sack holete ein Ortsthaler herauß vnd gabe es jhm; er stunde vnnd sahe es an/wuste nicht was er thun wolte/ name es endlich vnd wunde es in ein Tüchlein daß er vmb sich hatte; Der förderste als er sahe daß seyn Gesell etwas bekommen hatte/ kame zu mir vnnd wiese mir daß er auch was haben wolte/ich gabe jhm auch etwas/ er stunde vnd sahe es an als ob er in Zweiffel stunde ob er es nemen oder mich angreiffen solte/ welches jhnen leicht zu thun stunde/ dann ich hatte kein Gewehr/ vnd jhrer jeglicher hatte wie gesagt einen Dolchen auff der Seiten/ da sasse ich als ein Schaff vnder den Wölffen/ in tausend Sorgen/ GOtt weiß wie mir zu Muth ware; als wir vngefehr halbweg waren/ fiengen sie an zu ruffen vnd zu Parlamenten/ schiene allen Zeichen nach daß sie mich vmb den Halß bringen wolten ich ware so bang daß mir das Hertz im Leibe zitterte/bate Gott daß er mir Verstand geben wolte. Was mir am besten zu thun stunde/ vnd dauchte mich als wann es mir einer sagte/daß ich singen solte/welches ich auch thete/vnnd Sunge/wiewol ich in solcher Angst war/ daß es durch Berg vnnd Thäler klangt/wie sie höreten vnd sahen daß ich anfieng zu singen/ lacheten sie vnd sperreten die Meuler auff daß man jhnen in die Keel sehen konte: Ich befande da in der That/ daß ein Mensch auß Angst noch wol singen kann: Endlich kamen wir so weit daß wir den Boot sahen: Da stunde ich auff vnd winckete vnserm Volck zu/die mir auch strackes entgegen kamen/ vnd meinen

Vier vnd Zwantzigster Theyl.

nen Bringern wie se ich daß sie ans Land fahren/ vnd als daß geschehen/ daß sie voran lauffen solten/ dann so dachte ich/werden sie mich hinderwerts nicht durchstechen. Vnd kame also wieder zu den Meinigen.

Wie ich also mit GOttes Hilff dieser Angst entgangen vnnd wieder bey den Meinigen ankommen ware / frageten die zween so mich gebracht hatten/ wo daß Volck schlieffe / wir wiesen jhnen die Hütten welche das Volck auß Blättern gemacht hatten da sie vnder krochen: Weiter wolten sie wissen wo der Kauffman vnd ich schlieffen / wir antworteten in den Bott vnder den Segeln / darauff kehreten sie wieder nach dem Dorff: Ich erzehlete darauff an Hein Rollen vnnd den andern wie es mir gangen were/ daß ich einen Büffel im Dorff gekaufft hatte/ den wir nicht hetten fortbringen können/ vnnd daß die vier Gesellen/ die ich mit genohmen mich ersuchet hetten / daß sie die Nacht vber allda bleiben vnnd sehen möchten ob sie daß Thier fangen möchten / welches ich jhnen auff jhr lannes Anhalten mit diesem Beding zugestanden hette/ daß sie morgens gut Zeit am Boord kommen solten/ darauff gingen wir miteinander schlaffen: Deß andern Tags weil die Sonn schon lang auffgangen ware / vnd wir doch weder Böffel oder Leuth sahen / wolte vns nicht wohl bey der Sach werden/ doch nach etwas wärtens / sahen wir zween der Einwohner kommen vnnd einen Böffel für sich her treiben/ aber ich sahe stracks daß es der jenige nicht war / welchen ich jhnen Gestern abgekaufft hatte/ vnser Kellner verstunde sie ein wenig / der fragete sie warumb sie dasselbe Thier nicht brechten / vnnd auch wo vnser Volck were / darauff sie zur Antwort gaben daß sie das Thier nicht hetten bekommen können/ vnnd daß vnsere Leute mit noch einem Thier folgeten / also daß wir eins Theyls zu frieden waren; vnnd dieweil das Thier so die Schwartzen gebracht hatten so sehr Sprung vnd steigerte/ befahle ich Wilhelm von Galen/ dem Sergeant daß er das Beyl nemen vnd es hinden in das Bein hawen solte/ damit es nicht entliefe/ aber er hatte es kaum gethan / da fiengen die Schwartzen an grewlich zu ruffen vnnd zu schreyen / vnnd auff daß Geruff kamen die andern mit Hauffen auß dem Wald gelauffen / meineten vns den Weg nach dem Boot abzuschneiden vnnd allesambt zuermorden / aber wir wurden durch drey der vnserigen gewarnet/ die ein wenig weiter von vns ein Fewer angelegt hatten/ vnd es vns ansagten: Ich sahe erstlich nur etwann in die viertzig vnd wolte nicht zugeben daß man fliehen solte/ weil wir auch starck an Volck waren / aber jhrer wurden endlich so viel alle

mit

mit Waffen versehen / daß ich erschrack vnnd anfieng zu ruffen / jhr Leute einjedglicher mache sich mit ehestem nach dem Boot zu / dann schneiden sie vns den ab/ so seynd wir verlohren: Darauff gienge es an ein Lauffen der den Boot nicht erreichen kund/ loose die Revier / vnd schwummen darinnen/ sie verfolgeten vns biß an den Boot/ vnd wie wir da ankamen/ ware ß Boot gantz nicht bequem in eyl damit abzustossen/ dann theyls Segel waren von den Boot weg vnd zu Zelten gemacht/ sie folgeten vns auff den Fersen vnd stachen mit jhren Hasageyen in vnser Volck/ in deme es vberstieg/ daß jhnen die Derme zum Leibe außhiengen/ wir wereten vns auch mit vnsern Beylen so gut wir kunden/ so thete der rostige Degen auch seinen Nutzen/ dann hinden im Schiffe / stunde ein langer Mann ein Becker seines Handwercks/ der sich dapffer damit werete: Wir hatten ein Seyl hinden außligen/ vnd ein Seyl in der See/ ich rieffe dem Becker zu daß er das Seyl abhawen solte/ welches er nach langem hawen thete / stiessen darauff von Land ab/ die Schwartzen lieffen vns im Wasser nach / aber musten es bald bleiben lassen/ weil sie keinen Grund funden/ wir fischeten vnser Volck auff/ daß im Wasser schwumme/ vnd stracks schickete GOtt der Allmechtige daß der Wind der noch biß dato auß der See gewehet hatte / auß dem Lande anhub zu wehen/ fürwar ein mercklich Zeichen der Barmhertzigkeit GOttes/ wir spanneten die Segel auff vnd fuhren eines fahrens auß dem Loch herauß durch die Banck/ dardurch wir mit solcher Gefahr (wie oben gemelt) kommen waren / die Schwartzen meineten daß wir nicht würden können durchkommen / lieffen an daß Eck vom Land / wolten vnser dar warnehmen vnd todschlagen/ aber GOtt wolte es nicht verhengen: Als wir draußen waren/ wurde der Becker der sich so wol gewehret hatte gantz blaw vmb den Kopff / den er ware mit einem vergifften Gewehr recht vber den Nabel am Bauch verletzet/ ich schnitte das Blaw auß der Wunden/ aber es wolte nicht helffen/ dann er starb gleichwohl für vnsern Augen wir setzeten jhn nach seinem Todt Vberboord vnd liessen jhn so hinschwimmen/ zehleten darauff vnser Volck/ vnd befunden/ daß wir 16. Mann verlohren hatten nemblich eylffe so am Land waren erschlagen worden / der Becker den wir Vberboord setzten/ vnnd die vier Mann die im Dorff geblieben waren/ welche wir alle beklagten vnd doch Gott dancketen/ daß wir nicht alle geblieben waren.

Ich meines Theyls glaube gentzlich/ daß die vier Menner so im Dorff geblieben waren/ nechst GOtt mir mein Leben erhalten haben/ dann wann sie hetten mit mir wollen fahren/ so würden vns die Schwartzen alle fünffe
haben

Vier vnd Zwantzigster Theyl.

haben todgeschlagen/ wie ich gentzlich darfür halte/ dann als ich an das Vfer kame/ zancketen sie vndereinander (wie oben vermelt) vber meinem wegfahren/ aber ich vberredete sie/ vnd wiese jhnen mit Zeichen/ daß ich deß andern Tags mit allem Volck wolte zu jhnen kommen/ also daß sie etwan werden gedacht haben/ wir wollen nun kein Spiel anfangen/ darnach können wir sie alle ohne Mühe haben/ meineten auch daß wir die vier nicht verlassen würden/ vnnd daß sie da Pfand genug dran hetten/ aber es ist jhnen Gott Lob nicht glücket/ wiewol die vier Menner zubeklagen seynd/ die wir hinderlassen musten/ vnd zweiffels ohne allbereit ermordet waren.

Wir stelten vnsern Cours neben den Wall hin/ hatten noch 8. Hüner vnd ein wenig Reyß im Boot/ viel zu wenig für 56. Menschen/ welche wir noch starck waren: Wir gaben jeglichem sein Theyl/ als daß auff ware/ sprachen sie schon wieder vom Land anzulegen: Kehreten also wieder Landwerts/ sahen viel Volcks am Land stehen/ daß aber ohne vnser zuerwarten stracks verliese/ konten kein Victualia kriegen/ als frisch Wasser/ da wir vns mit versahen/ wir fuhren bey den Klippen vmb vnd funden kleine Osters vnd Schnecken/ davon jeglicher seine Säcke voll nahme/ ich hatte an dem Ort da wir das Volck verlohren/ einen Hut Pfeffer gekaufft/ der allda wol zu statt kame/ vmb die Osters mit zu essen/ brande dapffer im Magen.

Wir fuhren zu Vollführung vnserer Reyse/ wieder von Lande ab/ vnd als wir ein Weil gefahren hatten/ fienge es an so hart Sturm zu wehen daß wir alle vnser Segel einzihen/ darunder krochen/ vnd es auff GOttes Genade hintreiben liesen/ biß vngefehr zwey Stund vor Tags/ da fienge das Vngewitter an abzunehmen/ also daß wir vnsere Segel wieder auffspanneten vnd guten Wind erlangeten/ damit wir gar vom Land abfuhren/ dann Gott wolte vns vor fernern Vnfall befreyen/ were das Vngewitter nicht kommen/ so würden wir neben dem Land hingefahren/ vnd leichtlich an den Wasserplatz der nit fern davon lage/ angelanget seyn/ da die vnsern offt pflegen anzufahren vnd damaliger Zeit in tödlichen Feindschafft stunden/ wie dann kurtzlich etliche Hollender/ die da meineten frisch Wasser einzuschöpffen/ waren erschlagen worden.

Am Tage sahen wir drey kleine Inseln vor vns ligen/ auff welche wir zulegeten/ hatten die Vermutung kein Volck/ aber wol etwas so vns dienlich darauff zufinden/ kamen auch denselben Tag noch da an: Wir funden da vor erst frisch Wasser/ vñ grose Indianische Roor/ so dick als eines Mañs Schenckel/ welche wir vmbhieben/ das Marck durchstiessen/ biß auff dz vnderste

derste Glied/goſſen ſie darauff voll Waſſer/ſtopffeten ſie oben zu vnd krigeten damit wol ein Laſt friſch Waſſer in den Boot; auch funden wir Palmenbäum die oben an der Spitzen ſo mürbe ſeynd/ als das Marck in den Rooren die wir auch vmbhiebē vnd dz oberſte zu vnſerer Speiſe mit namen/ das Volck lieffe die Inſel durch vnd durch aber funden nichts beſonders: Ich gienge eines weg von dem Volck/ auff einen der höchſten Berg in der Inſel/ſahe mich vmb vnd vmb/ vnd ware ſehr bekümmert in meinem Hertzen/weil es meiſt auff mir lage den Weg zufinden/ vnd ich zuvor nicht in Oſt Indien geweſen ware/ auch keinen Steurmans zeug hatte/ ſonderlich keine Compas, alſo dz ich nichts beſſer wuſte als mich auff Gott zuverlaſſen; fiele derhalben auff meine Knie vnd bade Gott inniglich/ daß/ wie er mich biß dato auß Waſſer vnd Fewr/Hunger vnd Durſt/ auch böſen Leuten errettet hatte/er mich auch ferner bewaren vnd die Augen meines Verſtands öffnen wolte/ daß ich den rechten Weg finden vnnd wieder zu Freunden/ vnd Landsleuten gelangen möchte/oder wo es jhme nicht geſellig were mich zuerhalten/er doch etliche vnder vns wolte zu recht bringen/damit man wiſſen könt wo das ſchiffend Volck geblieben were.

Nach vollendem Gebet/ ſtunde ich auff vnd ſahe mich noch einmal vmb/ſahe auch zur rechten Hand als die Wolcken vom Land trieben vnd es klar wurde zween hohe blawe Berge liegen/ da fiele mir ſtracks ein daß ich zu Horn von Wilhel Cornelis Schouten (welcher wol zweymal in Oſtindien geweſen ware) gehöret hatte/ daß auff dem Eck der Inſel Iava zween hohe blawe Berg lägen/ vnd weil wir nun Sumatra auff der lincken hatten ligen laſſen/ vnd dieſe zur rechten ſich aufftheten/ auch zwiſchen durch ſich kein Land ſehen lieſen/ weil die Enge von Sunda (welches ich wol wuſte) zwiſchen Iava vnd Sumatra ein lieffe/ bildete ich mir gentzlich ein daß wir auff den rechten Wege weren/lieffe alſo voll freudens den Berg ab/ vnd erzhlete dem Kauffmann was ich geſehen hatte/ vnd was ich von Wilhelm Cornelis Schoutens dabeneben mermals gehöret hatte/daß ich keine andere Rechnung machete dann wir weren in der Straß von Sunda/ darauff der Kauffmann ſchloſe daß/ weil ich mit ſolchem Fundament mutmaſſete man dz Volck zuſamen ruffen/vnd auffs beſte darnach zu eylē ſolte.

Alſo rieffen wir das Volck zuſammen/trugen dz Waſſer vnd die Palmen die wir verſamlet hatten in den Boot vnd ſtachen ab/ bekamen guten Wind vnd richteten den Lauff recht in die Straß zu nachts auff die Sterne an/ſahen vngefehr vmb Mitternacht ein Fewr/welches wir erſtlich meineten ein Schiff oder Arack zu ſeyn/ aber als wir neher kamen befunden wir
daß es

daß es ein kleine Insel ware die in der Straß von Sunda liget/zwers in den Weg genennet/fuhren da vor über/ nicht lange darnach sahen wir wider ein Fewer/ fuhren auch vorbey / dachte vns ein guts Zeichen von Fischern zu seyn: Deß Morgens bey Tage wurde es stille/ wir waren damals an den innern Eck der Insel Java/ liessen einen Mann auff den Mast steigen/ der rieffe alsbald ich sihe Schiff ligen zehlete zu 23. zu / da sprungen wir auff vor Frewden/ legeten stracks die Ruder auß / weil es wie gemelt still ware vnd ruderten darnach zu; wann wir diese Schiffe nicht gefunden hetten so weren wir nach Bantam gefaren/ da wir recht in die Fall weren komen/ dan sie damals mit vnserm Volck Krieg führeten/ welches dañ auch ein merckliche Bewarung Gottes ware/ deme wir auch für seine Güte danckten.

Es waren lauter Hollendische Schiffe / der Commandeur ware von Alckmar namens Friederich Houtmann/ er stunde damals in der Gallerie vnd sahe vns daher fahren/ kunte sich nicht darein richten/ vnd sande seinen Nachen auß vmb zuerkündigen was für Leute wir weren / diese kenneten vns von stunden an/ dann wir waren mit einander auß Tessel gefahren/ vnd in der Spanischen See von einander kommen / der Kauffmann vnd ich sprungen alsbald in die Schuyt vnd fuhren an deß Houtmans Schiff genend die Magd von Dordrecht/ der Commandeur rieffe vns hinden in die Casut liesse vns eine Tafel decken / aber als ich das Brod vnd andere Speise sahe/ schlose mir das Hertz im Leibe vnd die Trenen lieffen vber die Wangen/ also daß ich nicht essen konte / das ander Volck wurde auch alsbald auff die Schiffe vertheylet / Houtmann bestellete stracks eine Jacht die mich mit dem Kauffmann nach Batavien bringen solte/ vnnd nach deme wir jhme vnser Elend vnd was wir außgestanden erzehlet hatten/ traden wir in die Jacht vnd fuhren daß wir deß Morgens für die Statt Batavien kamen: Wir waren allbereit von vnsern Bekandten mit Indianischen Kleydern versehen / also daß wir schon außstaffieret waren ehe wir dahin kamen.

Wir giengen in die Statt kamen für den Hoff (da der General Ian Peters Coen von Horn seine Residenz hielt) vnd frageten die Trabanten ob sie vns wolten anmelden/ wurden darauff eingelassen vnd kamen zu jhme: Er wuste nichst von vnserer Ankunfft/ aber als wir vns hatten zuerkennen geben hiese er vns Willkom : Da muste endlich daß grose Wort herauß vnnd sagten wir ; HErr General auff solch vnd solche Zeit seynd wir mit dem Schiff Newhorn auß Texel gefahren / vnd seynd auff solch/ vnd solche Zeit an die Straß von Sunda ankommen/ da ist durch

D ij

Vier vnd Zwantzigster Theyl.

Vnglück Brand ins Schiff kommen/ also daß es auffgeflogen/ erzehlete es jhme von stück zu stück/ wieviel Volcks wir verlohren/ vnd daß ich auch selber mit auffgeflogen / aber durch GOttes Güte noch erhalten worden were : Der General, als er diß alles gehöret/ vnd nach Vmbstenden gefragt hatte/ sagete was hilffts/ es ist ein groß Vnglück / liese sich darauff einen gülden Becher voll spannischen Wein langen/ brachte es mir/ vnnd sagte viel Glücks Schiffer/ ich bringe es euch eines/ jhr möcht dencken daß ewer Leben verlohren/ vnd durch GOttes Genade euch wieder ist geschencket worden / bleibet hie vnnd esset so lang an meiner Taffel/ dann diese Nacht gedenck ich nach Bantam zufahren/ vnnd allerley Anordnung zu thun/ bleibet so lang biß ich wiederkomme oder euch entbiede : Darauff brachte er es dem Kauffmann auch eines/ vnnd hatten noch vnderschiedliche Gespräch / endlich zohe er davon/ vnnd wir blieben allda acht Tage/ vnnd assen an seiner Taffel/ biß er vns zu sich für Bantam entbode/ in das Schiff/ die Magd von Dordrecht/ da wir auch zuvorn gewesen waren.

Erstlich entbade er mich vnd sagete/ Schiffer Bontekuhe/ jhr kont bey Provision biß anders versehen wird/ auff das Schiff genent Bergerboot gehen/ vnd allda das Schifferampt warnemen/ wie jhr zuvorn gethan habt/ darauff ich mich gegen jhm bedanckete.

Zween oder drey Tage darnach/ entbode er auch dem Kauffman Heyn Roll/ vnd befahle jhme auch die Kauffmanschafft/ in der Bergerboot warzunehmen/ also kamen wir wieder zusammen/ vn̄ hatten zu commandiren.

Das Bergerboot ware ein kurtz Schiff/ hatte 32. stück Geschütz zwey lage hoch vbereinander. Wir fuhren im Anfang deß Jahrs 1620. nach Ternate zu/ hatten das Schiff mit Fleisch/ Speck vnd Reyß geladen/ wie auch viel Munition vmb die Forten allda zuversehen : Wir fuhren vnder vns dreyen/ nemblich das Bergerboot da ich auff ware/ der Neptunus vnd der Morgenstern/ in Passant länden wir Gresse an / ein Oberkauffmann der allda lage genant Walter Hudden von Riga bürtig/ lude vns viel Kühe/ Hüner/ Gänse/ Arack vnnd schwartzen Zucker ein ; deß Viches Futter war vngeschelter Reyse wie er vom Land kombt / wird Padie genent darauff stachen wir ab/ biß an das Land Soloor zu/ da kame der Kauffmann vom foit zu vns namens Ranburg von Enckhausen/ vnd sagete wie nit weit davon ein Flecken lage/ Laritocke genant/ auß welchem die Specken oder Spanier vnd Mestichen vnserm Handel grosen Abbruch theten/ vnd daß es nun eben die rechte Zeit were/ weil wir allda vnder vns dreyen weren
jhnen

Vier vnd Zwantzigster Theyl.

jhnen den Flecken abzutringen; darauff wir resolvirten/daſſelbe zuverſuchen / fuhren darnach zu Vergeſellſchafft mit etlichen Corracorren vnd ein groſſen Hauffen kleiner Schiffe auß dem Lande/da die mit fuhren vmb den Außgang zu ſehen/ aber nicht vmb zu helffen. Wir lieffen vnter das Fort vnd den Flecken/ſchoſſen dapffer hinein/vnd ſie wieder auff vns; vnter dem Schieſſen landeten wir an/ aber die auß dem Orth trieben in etlichen Außfällen vnſer Volck zurück/daß vber die zwantzig blieben/ vnd noch mehr verwundet wurden/ muſten alſo vnverrichter Sachen wieder abziehen. Darauff wir dann ferner neben den Jnſeln Batambur, Buro vnd Blau nach Amboina hinlieffen/konten aber wegen widerwertigen Stroms nicht ankommen/ſondern lieffen in einen Meerbuſen/Hicto genant/ gegen vber Combello, allda viel Nägelein fallen/ von dannen man mit einem Pferd in kurtzer Zeit zu Amboina ſeyn kan. Wir funden allda drey Commandeurs, Houtman, Lam vnd Speult; Lam enthielt ſich zu Maleyen, Speult auff Amboina, vnd Houtman fuhr mit vns nach Baets-Ian, allda wir fünff Tage lagen/den Oberkauffmann vom Fort/ weil ſeine Zeit auß ware/mit vns nahmen/vnd vnſern Kauffmann Heyn Roll in ſeinen Platz ſtelleten/fuhren alſo an alle Forten der Moluccen, vnd verſahen ſie mit allerley Nottlnrfft. An der Jnſel Maleyen, vber welche Jan Diricks Lam gubernirte, lagen wir drey Wochen/ vnd fuhren allda wieder an Baets Ian, da wir vnſern Kauffmann Heyn Roll gelaſſen hatten / der das Commando vber das Fort ſolte haben; Er gabe vns vngefehr 100. Laſt Nägelein ein/allda nahmen wir beyde Abſchied von einander mit Tränen vber den Wangen/ gienge vns ſehr zu Hertzen/ weil wir ſo viel Elend vnd Vngemach mit einander außgeſtanden hatten / ſeithero habe ich jhn nicht geſehen/habe aber vernommen/daß er auff der Jnſel Maleyen geſtorben vnd begraben iſt / der Herr ſey ſeiner Seelen gnädig/ vnd der meinen auch/wann ich nachkomme.

Wir fuhren weiter durch die Jnſeln Boggerones durch/ kamen wieder zu Greſſe an/hatten den Commandeur Houtman bey vns/allda luden wir ſo viel Kühe vnd Hüner ein/ als wir einnehmen konten/ vngefehr 90. Kühe vnd 1600. Hüner / mit etlichen Gänſen vnd Enten / gaben jhnen Padje zum Futter; 16. Hüner kauffte man für einen Real von achten. Nahmen darauff vnſern Abſchied von dem Kauffmann Walter Hudden, vnd ſtelleten vnſern Lauff neben Iava, fuhren vorbey Iapara, aber kamen nicht allda/ſondern glücklich für Batavien an/ da wir das Schiff ledigten/ vnd den General Coen anſprachen. Als das Schiff ledig war / wurde
ich

Vier vnd Zwantzigster Theyl.

ich ferner damit nach Ianbay gesandt/vmb dasselbe voll Pfeffer zu bringen/ welches/als es auch verrichtet/ sandte mich der General an die Inseln/ die zwischen Batavien vnd Bantam ligen/vmb Steine zu holen/die allda in deß Meers Grund ligen; man gab mir 40. Lascares mit/welche sich tauchen/ vnd die Stein vnten fest machen konten/ von da sie darnach in das Schiff gezogen wurden; es seynd grosse sehr weisse Steine/ die darnach zu Batavia viereckicht gehawen/ vnd zu den Puncten deß Forts gebrauchet wurden; das Fort ist meist auß solchen Steinen gebawet / auß dem Wasser herauß/daß es ein Lust zu sehen ist. Mit diesen Steinen zu holen brachte ich drey Jahr zu/ darauff kame das Schiff Gröningen auß dem Vatterland/ darauff Schiffer war Tobias Embden/ vnd Kauffmann S. von Neck/der etwan auch Schultheiß zu Texel gewesen ware/vnd weil sie beyde sich nicht hatten können auff der Reyse vergleichen/wurden sie durch Ordre deß Generals vnd seiner Räthe auff das Bergerboot/ vnd ich hergegen auff das Schiff Gröningen gestellet/ neben einem Vnterkauffmann Namens Jan Claes von Ambsterdamb. Ich thete keinen bösen Tausch/ dann auff dem Bergerboot ware (wie man sagt) weder zu beissen noch zu brechen / vnd das Schiff Gröningen ware erst auß dem Vatterland gekommen/hatte von alles genug.

Mit diesem Schiff wurde ich wieder nach Ianbay vmb Pfeffer geschickt/ man gabe mir zwey Kisten voll Geld mit/ die eine solten wir in Passant zu Balimban dem Kauffmann alldar Hogland genant vbergeben/ die andere gaben wir dem Kauffmann zu Ianbay Abraham von der Düssen genant. Wir lagen lange allda auff der Reede/ vnsere Ladung wurde vns mit kleinen Jachten zugebracht / vnd wir fuhren mit vnserm Boot auch täglich ab vnnd an. Vnser Obersteuermann Sippe von Enckhausen fuhre mit der Schalup die Revier gantz auff zu dem Kauffmann/ funde allda die Jacht Braunfisch beym Dorff ligen/darauff Schiffer ware Iaep Maerts von Horn/ vnd nach deme er allda den gantzen Abend sich lustig gemacht hatte/ gieng er deß Nachts auff die Hütten schlaffen/ vnd rollte mit der Decken vmb den Leib von der Hütten ins Wasser/vnd ertranck/welche Zeitung mich sehr betrübete. Als wir vnser Ladung hatten/nahmen wir vnsern Abschied von S. von der Düssen / fuhren wieder nach Batavien, vnd als wir gelöst hatten/thaten wir wieder zwey Züge nach Steinen/vnd darauff wieder einen Zug nach Ianbay vmb Pfeffer / auff welcher Reyß vnser Kauffmann Jan Claes starbe.

Mit diesen Reysen beydes mit dem Bergerboot als Gröningen
brachten

Vier vnd Zwantzigster Theyl.

brachte ich zwey Jahr zu/ darnach wurde gut gefunden/ daß ich mit demselben Schiff neben andern sieben Schiffen nach China fahren solte / vnter dem Commandeur Cornelis Reyers von Gouda, solten/ wo es müglich were/ Macao einnehmen/ oder nach den Piscatoris Jnseln fahren/ vnd suchen/ durch allerley thunliche Mittel/ den Handel mit China zubefestigen/ wie dasselbe weitläufftig in der Instruction außgedrucket wurde / die vns der General mitgabe. Der General hatte zu dem Ende an viel Orth geschrieben/ daß sich die Schiff/ da wir vorbey fuhren/ zu vns verfügen solten/ vnter andern auch an die Manillas, an den Commandeur Wilhelm Jans/ der mit etlichen Englischen allda auff einem Zug ware / daß er sich zu vns solte schlagen/ wie dann auch vnterwegen geschahe.

Den 10. April 1622. nach dem wir ein Zeitlang vor Batavien gelegen hatten/ seynd wir vnter vns acht Schiffen außgefahren / stelleten vnsern Cours vmb die Straß von Balimban durch zu passiren.

Den 11. dito sahen wir das Land Sumatra, wir verfielen allhie Sudelicher/ als wir gedacht hatten/ worüber wir spüreten/ daß der Strom die Straß von Sunda außlieffe.

Den 18. begegnete vns das Schiff New Seeland/ kamen von Iapon, vnd hatte zwey Portugeser Jachten bey sich/ die vnsere Schiff vor Malacca genommen hatten/ seine Reyß gieng nach Batavien.

Den 29. dito waren wir zu Mittag am Nordende der Straßen Balimban, vnd die Jnsel Banca ware S. O. von vns / lieffen Norden an/ nach Pulepon.

Den 30. dito kamen wir an S. O. Ende von Pulepon, zu anckern auff 12. Klaffter Sandgrund/ es ist ein hoch Land.

Den 3. Maii sahen wir Pulepaniang.　Den 6. Pule Timon.

Den 9. dito wurden vnser drey Schiffe vorauß gesandt nach Pule-Ceceer, nemblich das Schiff Gröningen/ da ich auff ware/ der Englische Beer/ vnd St. Niclas.

Den 18. sahen wir die Jnsel Pule Candeor.　Den 22. das Land von Camboia.

Den 24. sahen wir die andere Schiffe wieder / waren auff der Höhe von 10. Grad 35. Minuten / vngefehr anderhalb Meilen vom Land; am Strand ware es nidrig/ aber besser hinein hoch vnd hügelig. Zu Abends kamen wir alle bey einander zu anckern auff 15. Klaffter gegen ein Eck auff der Höhe von 10¾. Grad genennet Capo Ceceer.

Den 26. kamen wir in den Mallenbay (von den Jnwohnern genent
Bay

Bay de Panderan) allda gienge vnser Oberstewermann von vns in das Schiff St. Niclas / welches nach die Manillas lauffen solte / vmb zusehen / ob er etliche Schiffe von Wilhelm Jansens seiner Floot könte finden; allhie stunden viel hohe Klappesbäume vor den Häusern. Deß andern Tags fuhren wir vnter vns vier Schiffer nach einem andern Bay, Namens Camberni, da funden wir Wasser vnd Holtz genug / wie auch vberflüssige Erquickung / wir bekamen bey die 17. Kühe / vnd ein gut Theyl Hüner / aber ein Portuges lieffe von vns zu den Inwohnern / darauff wir keine Erfrischung mehr kriegen konten.

Den 4. Junij fuhr ich mit dem Boot nach vnsern Gesehrten in den Bay Panderan, vmb von vnserm Zustand Relation zu thun / kame den 6. wieder / vnter deß wäre die Jacht S. Crux zu vns kommen.

Deß andern Tags fuhren wir wieder ab / kamen zu der Jacht der Han / welche ein Japonische Juncke erobert hatte / wie auch zu den andern Schiffen.

Den 20. dito kamen wir zu den Manillasfahrern / die Hoffnung vnd der Bul / welche Englische waren / hielten die gantze Nacht bey vns.

Den 22. dito kamen wir für Macao, liessen die Ancker auff vier Klaffter weichen Grund fallen / waren starck 15. Schiff / darunter zwey Englische. Wir musterten das Volck / liessen sie rund vmb den Mast nach gewöhnlichem Kriegsgebrauch gehen / deßgleichen theten die andern Schiffe.

Den 23. zu Mittag fuhren drey Schiffe / nemblich Gröningen / die Gallas / vnd der Englische Beer / hart an die Statt / liessen den Ancker auff drey Klaffter Grund fallen / vngefehr ein Gotelingsschuß von der Statt / schossen noch denselben Abend fünff Schüß hinein. Deß Nachts fuhren Gröningen vnnd die Galias biß auff ein grossen Büchsenschuß an die Statt / auff drey Klaffter weichen Anckergrund.

In der erste solte ich mit dem Kauffmann Bosschart von Delfft neben dem Volck angeländet haben / vnd die Statt zu Land helffen bestürmen / aber damit das Schiff nicht zugleich von Schiffer vnd Kauffmann entblösset wurde / bliebe ich zu Schiff / vnd nahme allda die Sachen war / vnser Commandeur fuhre als Feldobrister mit zu Land.

Den 24. deß Morgens / so bald der Tag anbrach / schossen wir mit der gantzen Lage in die Statt / daß es rammelte / ein wenig darnach fuhr der Commandeur Cornelis Reyers mit vngefehr 600. wehrbaren Männern ans Land / zwey Jachten lieffen auch hart ans Land / auff daß die vnsern

Vier vnd Zwantzigster Theyl.

fern/ wann es zu hart fiele/ jhre Retirada darauff haben konten/ vnd dann auch vmb die Boots vnd das kleine Fahrzeug zu beschützen. Die Portugesen hatten ein Brustwehr an den Orth/ da wir landeten/ auffgeworffen/ davon sie etwas Gegenwehr theten/ doch auff Antringen der vnsern/ nahmen sie die Flucht auff die Höhe nach einem Kloster. Die vnserigen zu Land fuhren dapffer fort auff die Portugesen/ welche vnterschiedliche Außfäll theten/ aber allezeit zurück getrieben wurden; Endlich kombt durch Vnglück der Brand ins Pulver/ vnd weil so bald keines konte gebracht werden/ oder es ware den Portugesen schon durch etliche Vberlauffer/ so Japoneser waren/ kundt gethan/ wolten die vnserigen abziehen/ aber die Portugesen fielen auß/ vnd schlugen viel zu todt/ der Rest retirirte sich in grosser Confusion in die Boots/ vnd fuhren an Boort. Wir befunden 130. Mann verlohren zu haben/ auch wol so viel verwundet/ darunter der Commandeur selber/ welcher im Anländen durch seinen Bauch geschossen wurde/ aber mit Gottes Hülffe wieder genaß.

Wir fuhren darauff wieder ab/ vngefehr drey Viertel Meil/ da holeten wir frisch Wasser an einer Jnsel besuden Macao, wir kriegeten vnsern Oberstewermann wieder/ der zuvorn von vnserm Schiff vbergegangen ware.

Den 27. zogen die zwey Englische Schiffe mit dem Schiffe die Trew nach Japon/ das Schiff die Hoffnung wurde mit vnter vnser Vlagge gestellet.

Den 28. ist der Beer vnd S. Crux nach der Jnsel Lemon gefahren/ vnd weiter vmb die Cust von China zubesichtigen.

Den 29. fuhren wir alle fort nach den Jnseln Piscatoris, außgenommen die Hoffnung vnd St. Niclas/ mit der kleinen Jacht Palicatte, welche allda bleiben solte/ den Monat Augustus durch/ vnd auff die Schiffe/ die von Malacca allda ankommen/ Achtung geben.

Den 30. passireten wir Idelemo, sonsten Hasenohren genennet/ thut sich von weitem auff/ als ein grosses Schiff oder Carack.

Den 4. Iulius sahen wir die Sudwestliche Jnsel auß den Piscatoris.

Den 6. dito kame das Schiff der Beer von der Cust von China wieder zu vns/ lieffen mit einander aussen vmb die Jnseln.

Den 10. anckerten wir hinder eine der Jnseln/ welche sich auffthete als eine Tafel/ vnd ware wol eine der höchsten Jnseln auß den Piscatoris, wir sahen zwischen den Jnseln etliche Chineser fischen/ die aber die Flucht nahmen.

E Deß

Vier vnd Zwantzigster Theyl.

Deß andern Tags fuhren wir weiter in einen beschlossenen Bay auff 9. oder 10. Klaffter Steckgrund; das Land ware flach vnd steinig / mit langem Graß bewachsen / hatte keine Bäume / aber zimblich gut Wasser / welches man außgraben muste / doch bey truckenem Wetter ware es saltzig / es hatte allhie zween Inwyck / da man die Schiffe lassen konte / aber gantz keine Erquickung / man muste es alles dahin bringen. Weil vns nun aufferlegt war / diesen Orth zu einem Rendevous zu halten / so suchten wir an einem Ende der Insel Formosa einen Haven / da auch die Chineser etwas hin handlen / Tayowan genant / von dannen wir mit vnsern Jachten viel Notturfft holeten / lage dreyzehen Meilen von Piscatoris, hatt nicht mehr / als 11. Faß Wasser / vnd ware sehr krumm im Einkommen / also daß man mit grossen Schiffen nicht hinein kan.

Den 19. fuhren die Schiffe Groningen vnd der Beer nach dem festen Land China / begegneten der Jacht S. Crux, deß andern Tags brache dem Beer seine Fockeree / dardurch wir getrungen wurden / vnsere Segel etwas einzuspannen / damit wir bey einander blieben.

Den 21. sahen wir das Land China / kamen für den berühmten Fluß Chincheo, dieser Fluß ist sehr kennbar / wie auch Jan Huygen von Linschoten schreibet / an dem einen Eck N. O. stehen zween Hügel / vnter welchen der eine einem Kirchpfeiler ehnlich ist / vnd an der Westseiten ist das Land voll niedriger Sandhügel. Wir musten wieder die See kiesen / weil das Schiff der Beer die Reede nicht besegeln kont / dann sein Focke war noch nicht wieder gemacht / es fienge an hart zu wehen / also daß wir ohne Segel hin vnnd her schwebeten / doch trieben sehr vmb den Noord.

Den 25. sahen wir ein sehr Höckericht Land auff der Höhe 27. gr. 9. min. welches wir beydes auß Linschotens Bericht vnnd der LandCarten Anweisung / vermutheten die Insel Langum zu seyn / sahen viel Chineser Fischer / die bey 3. in 6. Meilen vom Land hielten.

Den 27. bekamen wir einen Fischer am Boort / der vns etwas gedörrte Fisch verkauffete.

Den 9. August. befunden wir vns bey den Chineser Inseln / welche allda in grosser Anzahl seynd / anckerten auff 15. Klaffter / muthmasseten nach Außweisung der Carten vnd befundener Höhe / bey dem Capo de Somben zu seyn / aber konten keine feste Cust oder Capo sehen / daher wir vrtheylten / daß es Norderlicher lege / als die LandCarten außweisen.

Den

Vier vnd Zwantzigster Theyl.

Den 11. dito lieffen wir vnter die Insel Langum auff 28½. Grad/ wir suchten allda etwas Erquickung/ war aber nichts vorhanden/ allein bekamen wir frisch Wasser. Als wir da lagen/ kamen etliche Chineser an Boort mit jhren Schampanen/ verehrten vns auff jegliches Schiff fünff Körbe weissen Zucker; so viel wir sie verstehen vnnd vrtheylen konten/ waren es Chineser Freybeuter/ die auff jhre eygene Nation raubeten.

Den 18. fuhren wir an das Westende derselben Insel in einen Haven der vor meist allen Winden befreyet lage/ allhie hielten sich auch obgedachte Seerauber auff/ die vns bißweilen einige Erquickung brachten/ welche sie hie vnd da wusten zu holen/ aber es konte für das gantze Schiffvolck wenig helffen; sie boten vns offtmals an/ daß/ wann wir mit jhnen nach dem festen Land fahren wolten/ also daß sie sich vnter vns bergen möchten/ wolten sie vns Erquickung/ ja Ladung/ genug verschaffen/ aber wir funden es nicht gerathen; sie setzten Princevlaggen auff jhre Schiffe/ vnd raubeten vnter denselben auff jhre eygene Nation. Wir macheten vns wieder auff die Fahrt zu vnserm andern Volck zu/ da wir nach vielem vnbeständigen Wetter/ den 22. Septembr. ankamen; sie waren damals im Werck ein Fort auffzurichten/ funden auch zwey Schiffe mit einer Jacht mehr/ als wir gelassen hatten/ die seithero auß Batavien angelanget waren.

Deß andern Tags kamen zwey Jachten wieder von der Cust von China/ die dritte ware an der Cust vntergangen/ aber das Volck vnnd Geschütz wurde mit Hülff der Chineser erhalten. Diese Jachten waren außgesandt mit den Chinesern wegen deß Handels zu tractiren/ welche sie mit grossen Verheissungen wieder abfertigten/ vnd zusageten einen Gesandten nach den Piscatoris zu senden/ vmb ferner mit einander zu reden/ welches sie auch den 29. theten/ kamen mit vier Joncken vnnd einem Gesandten vmb sich mit vnserm Commandeur wegen der Handlung zu vergleichen/ aber es wurde nichts außgericht/ dann sie in allen jhren Zusagungen kein Wort hielten/ sondern suchten vns nur von den Piscatoris weg zu bringen/ welches wieder vnsere Ordinantz ware.

Den 18. Octobr. fuhren wir mit drey Schiffen vnnd fünff Jachten nach dem Fluß Chincheo, ob wir durch Forcht vnsere Feindschafft vnd Gewalt die Chineser zur Handlung möchten bringen/ drey vnsere Schiffe irreten von vns ab/ wir vnter vns fünffen fuhren in einem Bay/ in welchem

chem wir durch vnsere Jachten wol 60. oder 70. Juncken groß vnd klein verbrandten.

Allhie geschahe ein Sach / die erzehlens werth ist: Etliche der vnserigen/solten zwey Juncken / die sie genommen hatten / an Boord bringen/ musten aber wegen deß harten Winds sich setzen / hatten bey sich vnsern Boot vnd Schlup / in der Vornacht trieben sie von jhren Anckern/ in der einen waren 23. Mann vnd fünff Chineser / die Jacht Victoria, so nicht weit davon lage / konte jhnen wegen deß Vngewitters nicht helffen; wie die eine Jonck hinfähret / begeben sich / die in der andern Jonck vnter sich sechsen in den Boot / vnd stecketen die Jonck in Brand/ weil sie aber nicht wohl fahren konten / wurffen sie das Seyl auß / aber nach zwey Stunden bricht das Seyl/ vnd sie stossen mit Lebensgefahr auff den Strand / nun waren auch alle jhre Lunten im Stranden außgelöscht worden/ vnd vom Lande hatten sie nichts / als Feinde / zugewarten / waren viel zu wenig gegen Gewalt / vier Mann vnd zween Jungen / gaben also GOtt die Sach auff / baten jhn vmb einen guten Außgang / vnd erwarteten in grosser Angst deß Tags / vnter deß kamen ein Parthey Chineser auff sie zu / die vnserige nahmen jhre Sabels in die Faust / rieffen vnd hielten sich / als wann sie auff sie zu wolten.   Die Chineser/ die wegen der finstern Nacht nicht wissen konten / wie starck die vnsern waren / dorfften nicht ankommen/ sondern kehreten wieder vmb / welches die vnsern für ein mercklich Zeichen Göttlichen Beystands hielten/ nahmen jhnen am Tage für den Boot zu verlassen / weil sie jhn doch nicht vom Strand ins Wasser bringen konten/ vnd mit jhren Mußqueten auff der Achsel vnd Sabels an der Seithen/ Landwerts nach dem Fluß Sammitju zu gehen / da vnsere zwey Jachten waren (die 23. Mann in der andern Jonck seynd alle gefangen worden / einer auß jhnen ist etliche Jahr hernach / wie ich berichtet bin / wieder zu recht kommen) wanderten also fort ; Ein Parthey Chineser kame auff sie zu / vnnd schicketen zween vorauß mit den vnsern zu reden / aber diese traweten nicht / legeten jhre Mußqueten an / als wann sie schiessen wolten/ darauff liesse man sie gehen.   Unterwegs funden sie ein Häußlein / da ein Mann mit einer Frawen jnnen war/ da kehreten sie ein / stecketen jhre Lunten an / vnd butzeten ihre Waffen/ welche im Stranden vnbrauchsamb waren / assen auch etwas Reiß / so jhnen der Mann gabe/ vnd giengen darauff wieder weg; im Gehen sahen sie sechs oder sieben Chineser todt am Strand ligen/ so von den vnsern warer erschlagen worden / dardurch sie leicht die Rechnung machen konten/

was

was jhnen widerfahren würde/wann man sie bekäme/beschlossen derwegen sich so lang zu wehren/als sie ein Arm rüren könten / bald darnach begegneten jhnen woll in die zweyhundert Chineser die alle vor jhnen flohen: Nachmittag kamen sie zu den Jachten/theten etliche Schüsse damit man sie hören vnd abholen solte/aber durch das Schiessen kamen wol 200. Chineser mit Degen vnd Spiesen/auß einem grosen Dorff auff die vnsern zu / welche/ weil sie nichts als den Todt für Augen hatten / auff sie zuschossen; die Chineser, so da sahen daß jene jhr Leben tewer genug dachten zuverkauffen lieffen zu ruck / etliche blieben von ferne stehen vnd wurffen mit Steinen/ endlich boden sie den vnsern alle Freundschafft an/luden sie ins Dorff; Als die Vnsern hinein kamen/waren allda bey 2000. Chineser vnd sahen sie mit Verwunderung an/ brachten sie in jhren Tempel/ gaben jhnen zu essen vnd zu trincken/wie auch etwas Taback: Die Vnserige setzten sich zusammen vnd hielten sich allzeit gerüst/ weil sie den Inländern nicht vertrawen derfften / in dem sitzen brennen jhre Lunden auff/ reissen stück auß jhren Hembdern vnd träheten sie zu Lunden/ so gut sie kunten / vnd nach dem sie sich für die erzeigte Guthätigkeit bedancket hatten / giengen sie wider jhres Weges/vnd waren froh daß sie von niemand verfolgt wurden/dañ sie vber 4. Schüsse nicht mehr in hatten/kamen am Strand da sie einen Scampan funden darein sie sich setzten vnd von Land abstiesen / aber er ware kaum im Wasser so fienge er an zu sincken / so leck war er;giengen darauff in eines Fischers Hauß vnd vbernachteten daselbst/ etliche schlieffen die andere kunten vnd dorfften nicht schlaffen / dann sie eine Partey Chineser vmb das Hauß höreten;deß Morgens machten sie zwey Flosse von dem/ daß sie am besten funden/vnd fuhren damit nach den Jachten die stracks darauff hinweg fuhren/so daß es nicht lenger außbleibens Zeit war/oder sie hetten müssen gar bleiben; auß welcher Geschicht man klärlich spüren kann/was allerhand Gefahr einer entgehen kann / wann GOtt die Hand vber jhm helt/ dann ohne dasselbe vnmüglich war / daß so wenig Leute auß der Chineser Hand/die jhre Feinde waren/solten davon kommen.

Den 2. Novemb. fuhre die Jacht St. Niclas nach dem Boot der am Strand lage vnd von den Chinesern gantz geplündert war / von Segel/ Mast/Schwertern/Ruder zweyen Steinstücken / vnd der eysernen Scheiben die forn am Schiff stunde/ sie brachten jhn wieder vnd zur Vergeltung namen sie 10. Böcke vnd 4. Schweine.den 4. ditto name der Boot in den Bären zwey Joncken mit 25. Mann/ die Joncken steckten sie in Brand vnd die Leut brachten sie in die Jacht St.Niclas den 9. Novemb. starbe vnser Obersteurmann an der Wassersucht/ wir begruben jhn auff einer Insel in der Höhe von 23. Grad.

Denselben Ditto fuhre der Boot in der Bär/ nach ein Theyl Joncken/ aber es fienge an/ so hart zu wehen/ daß der Boot/ zu vnser aller leid wesen/ mit 18. Mann/ darunder der Schiffer Ian Ians ware/ wegtriebe/ wir sanden die Jacht Victoria, jhn zu suchen aber vmbsonst/ hatten auff vns zwey Schiffen/ wehrender Zeit wir hie gelegen hatten/ 40. Mann von den besten befahrensten Volck verlohren/ welches vns tapffer schmertzte.

Den 25. Dito/ kamen wir mit einander/ für dē Fluß Chincheo, setzeten vnder eine Insel bey einem Dorff/ darauß die Einwohner die Flucht hatten genommen/ bekamen daselbst bey 40. Stückviehe darunder etliche Schweine/ wie auch ein Theyl Hüner/ welches vns wohl diente zur Erfrischung/ weil viel vnsers Volcks an der Wassersucht lagen/ die sich sehr damit erquickten.

Wir sanden drey Jachten die Revier hieneein/ die bey einem Dorff anlenden/ vn dapffer gegen die Chineser scharmitzierten/ die Chineser machten 9. Joncken fast aneinander steckten sie in Brand/ vnd liesen sie nach vnsern Jachten zu gehen/ in Meynung sie in Brand zu kriegen/ aber sie fuhren darneben/ wir kamen mit vns zweyen Schiffen/ den 28. bey sie/ schossen mit vnsern groben Geschütz auff ein Ort/ davon sie mit sieben Bassen auff das Volck in der Jacht geschossen hatten/ die jhnen wacker Stand hielten/ wiewol sie nur 50. starck waren/ vnd der andern etliche tausend/ sie trugen jhre Bassen weg ein stück Wegs von jhrem Dorff/ die vnsere stachen zwey Joncken in Brand/ vnd kamen deß Abends wieder an Boord.

Den 29. Ditto kame ein Chines vbergelauffen/ aber schiene nit wol bey sinnen zu seyn; wir huben vnsere Ancker auff/ vnd kamen für eine Statt/ schossen darein vnd sie wieder mit Bassen auff vns/ traffen vns zweymal/ der Bär mit einer Jacht/ liffen an die ander Seiten der Insel/ funden da zwey grosse Dörffer/ bey einem stunden zwey grose Juncken auff stutzen/ wir namen für/ jhnen dieselbe abzulauffen/ welches wir den 30. Dito mit vngefehr 70. Mußquetierer angienzen: Die Inwohner waren alle auff ein Fort dabey geflohen/ wir verfolgeten sie biß vnder das Fort/ sie theten zween Außfäll mit solchem grewlichen Geruff vnd Geschrey als ob die Welt vergienge/ kamen lustig auff vns an/ vnd wir wolten nicht weichen/ schlugen einander mit den Säbeln vmb die Köpff/ aber als wir mit vnsern Mußqueten ein Theyl der jhrigen niedergelegt hatten/ stelten sie es

auffs

Vier vnd Zwantzigster Theyl.

auffs lauffen; sie hatten vnsern Sergeant vnd den Segelmacher in den Bären vnder sich / hetten sie todgeschlagen / wo wir sie nicht entsetzt hetten: Wir verlohren einen Mann den Balbirer in den Bären / doch wissen wir nit ob er todgeschlagen oder gefangen worden: Wir stachen die zwey Joncken vnd jhr gantzes Dorff in Brand / kamen deß Abends mit guter Beut / wieder an Boort von Schweinen / Hünern / Böcken vnd allerley Plunder von Haußrath / die Thier bereydeten wir deß Nachts / vmb den andern Tag nach gehabter Mühe vns wider zuergetzen.

Den 2. Decemb. fuhren wir wieder nach dem Land / plünderten noch ein Dorff / vnd steckten es wie das ander auch in Brand / wir kriegeten hie ein vnd zwantzig Canasses gezwirnte Seiden auß einem Packhauß / die wir neben anderer Beut an Boord brachten.

Deß andern Tags / fuhren wir nach einer andern Insel / da ein grosser Turn auff stund / aber funden kein Volck drauff / wir hatten mit hohem Wasser fünffthalb Klaffter / vnd in der Vornacht mit niedrigem Wasser sassen wir auff dem Grund / also daß ein gewaltiger Strom / hie ein vnd auß gehen: In derselben Nacht senden die Chineser / mit der Flut zwey brennende Joncken auff vns zu / die nahe bey dem Bären / so vber vns fast lage / hintrieben / die eine schiene recht auff vns anzukommen / welches einen grossen Schrecken in vnserm Schiffe verursachete / wir stunden alle oben vnd sagete einer diß der ander daß / doch versicherte ich mich / daß sie vns treiben solte / vnd machete nit sehr grosse Schwerigkeit: Der Kauffmann Newenrede bey mir stehend sagte / Schiffer last vns das Segel abhawen / ich vnderrichtete jhn / dz es nit rathsam were das Segel abzuhawen / weil wir auff den Wal legen vnd notwendig das Schiff verlieren müsten: Aber wie die Jonck sich näherte / so nach deß Kauffmans Vrtheyl nicht fehlen könt / rieff er / hawet das Seyl ab / hawet ab das Seyl / ich darentgegen rieffe / hawe nicht ab / dann hawet jhr ab / so verlieren wir das Schiff / hawet nicht: Als der Kauffman sahe / daß die Burß / welche schon einen Hieb gethan hatten / auffhöreten vnd mir darinnen Gehör gaben / rieff er (meinet die Jonck were gewiß schon am Schiff) Schiffer Bontekie / daß ist ewer Schuld: Ich will es auff euch erholen: Ich aber der nun Sorg hatte / die Gesellen würden das Seyl abhawen rieff nur / es schlecht fehl / hawe nit / hawe nit / welches auch so ware / dann es fehlete noch so viel / daß sie vnsere grosse Ree die im Kreutz stunde noch verfehlete / wiewol jhr Mast höher war als vnsere Ree / allein vnser Scampan den wir hinden an hatten ligen / kame in den Brand den
wir

wir forttreiben liefen / also daß es auch nicht wol näher gedient hette / es stunde gewaltig schrecklich / dann es brennete so sehr / als wann es voller Schweffel gewesen were / vnd würde mit vns bald kurtze Meyle (wie man sagt) gemacht haben: Ich hatte das Ruder von einem Boord / ans ander lassen legen/ dardurch das Schiff ein Schwung thete / welches nechst Gott die jenige Vrsach war/daß es fehl schluge.

Den 4. Ditto/ huben wir die Ancker auff / vnd lieffen nach der Insel/ die im Mund deß Flusses ligt/ da wir die 40. Stücke viehes genomen hatten/wie oben vermeldet worden/allda holeten wir Wasser/vnd giengen den 7. Ditto wider nach den Piscatoris zu.

Den 9. Ditto/verlohren wir vnsern Ancker / wurffen einen andern auß/davon das Seyl nach vier Stunden auch brache / wir hatten einen harten Sturm auß den N. O. vnd N. N. O.

Den 10. Ditto/ wurd vnser Schiff so leck/ daß wir mit zwey Pumpen stetig musten an Werck seyn / vmb es oben zu halten / wir hatten wol 2. Schuh hoch Wasser im Schiff / vnd die hinderste Pump war jmmer vnklar: Wir hatten hinden in der Kammer ein Partey Padie / vnd durch ein Löchlein daß in der Kammer war/ liese die Padie in die Pump vnd machete sie Vnbrauchsam / musten also die Padie Vberboord werffen / weil wir besorgeten / sie möchte alle die Locklöcher verstopffen vnd Vnklar machen.

Den 13. vnd 14. wurde es wieder fahrbar Wetter/ wir befunden vns hart vnder d' Kust von China/ kamen zu dem Schiff Harlem/ da mein Bruder Peter Isbrants Bontekuhe Schiffer auff war / welches auch gern an den Piscatoris gewesen were / aber durch den Sturm davon ware verstossen worden/ es kame von Japan wir hielten 4. Tage bey einander aber fuhren mehr hindersich/ als vor sich / lieffen der wegen mit einander die Ree an der Cust von China.

Den 20. Ditto/ name das Schiff Harlem wol 7. Scampanen darinnen 36. Chineser mit drey Joncken so mit Saltz / gesaltzenen Fischen vnd andern Sachen geladen waren: Denselben Ditto wurde gut gefunden/ daß wir die Ladung (welche das Schiff Harlem auß Japan gebracht hatte) solten vbernemen / weil das Harlem schwach vnd so gestalt war / daß es nicht lenger vnderwegen bleiben dorffte / wir dargegen noch starck vnd gut auch wieder dicht waren ; also raumeten wir vnser Schiff/ vnd fiengen deß andern Tags an zu laden: Da kamen zween Chineser mit einem Scampan an/ das Schiff Harlem brachten ein Theyl Aepffel / Hüner vnd Schweine an
Boord

Vier vnd Zwantzigster Theyl.

Boord/ vnd bekamen darüber jhre Jonck wieder/ wir holeten Wasser vnd schicketen vns zu reysen.

Den ersten Ianuarij, wurde gut befunden/ daß der Obersteurmann Ian Gerrits de Nayer mit vngefehr Sechtzig Mann/ auß dem Schiff Harlem auff vnser Schiff solten kommen/ vnd vnser Vndersteurmann Gelein Cornelis gienge neben andern wieder auff das Schiff Harlem/ vmb also nach Batavien, vnd fort nach dem Vatterland zu fahren; die Kauffleuthe schrieben auch theyls nach Batavia, theyls nach Piscatoris, wir vbergaben/ vier vnd achtzig Chineser an das Schiff Harlem/ welches den vierten nach Batavien zu fuhre: Deß Nachts holeten die Chineser eine Jonck/ nicht weit von vnserm Schiffe ab/ vnd wiewol wir nach jhnen schossen/ giengen sie gleichwol damit durch/ wir hatten keine Schlup vmb jhnen nachzujagen.

Den 5. Dito kamen die Chineser vmb vns her Fischen/ scheinete daß sie wusten/ daß wir kein Schlup hatten/ an welcher vnsere Zimmerleuthe teglich arbeiteten: Wir hielten deß Nachts gute Wacht/ forchteten vns für Brenner die die Chineser vns zuschicken konten.

Den 7. Dito fuhren wir in die See/ aber musten wegen contrari Wind/ wider auff vnsere alte Ree lauffen/ nahmen im fahren eine Jonck da wir drey Cabel neben andern Seylen außnamen/ die vns sehr wol zu statten kamen/ das Volck ware davon geflohen.

Den zehenden Ditto/ kriegeten wir vnser Schuyt/ Segel/ Mast Schwerter/ vnd andern Zeug wieder fertig/ blieben noch all wegen vnbequemen Winds ligen.

Den 11. Dito/ sahen wir gegen den Abend/ zwey Joncken vnder den Wall/ der Kauffman wolte/ man solte mit dem Boot darnach zu fahren/ aber mich daucht es nicht rhatsam/ weil es gegen den Abend/ vnd darzu vngestüm Wetter war/ daß man das Volck nicht so leicht solte wagen/ bliebe also vnderwegen/ gegen die Nacht fienge es an so hart zu wehen/ daß wir froh waren/ daß wir den Boot an Boord gelassen hatten.

Den andern Tag deß Morgens/ fuhren wir mit den Boot nach einer Juncken/ die den Bay auff Lavierte/ aber ehe wir ankamen waren jhr vier Kriegs Joncken zu hülff kommen/ die gewaltig nach vns schossen/ vnnd weil es nicht weit von Lande war/ allda mehr als tausend gerüster Mann sich sehen liesen/ musten wir sie verlassen vnd wieder an Boord fahren.

Den 14. Ditto/ in der ersten Nachtwache fuhr ich mit dem Boot/ nach
F   einer

Vier vnd Zwantzigster Theyl.

einer andern Joncken/die sich zur Wehr stellete/schossen wol zwey stunde auff einander/vnd weil wir zu weit vom Schiffe abwichen/vnnd keine apparenz war sie zu bekommen/kamen wir mit Tagwacht wieder an Boord.

Den 15. Ditto ware der Steurmann mit dem Boot/wider an einer Jonck die von Teysing kame/aber muste sie auch verlassen/hatten drey verwund darunder/einer tödlich dann er mit einem vergifften Pfeyl geschossen ward.

Den 18. Ditto fuhre ich mit dem Boot nach fünff Joncken/die eine fuhr jhres Wegs/aber die andern fügeten sich zusammen/vnd stelten sich in Ordnung/mit Schild/Schwerd/Bassen/vnd Pfeilen/dann es waren Kriegsjoncken/also daß wir nach einem kleinen Gefecht wider vmbkehreten/die Joncken waren hinder vns her/vnser Volck sahe das vnd förchteten sie möchten vns antasten/macheten also zwey Stück fertig/vmb nach jhnen zuschiesen/dann es war nicht weit vom Schiff/es ware nicht tausend Schritt vom Schiff/wir liesen die Segel fallen/vnd ruderten flach gegen den Wind/als die in den Joncken daß sahen/kehreten sie von vns ab: Deß Abends kamen wir wider an Boord/vnd giengen noch dieselbe Nacht zu Segel/hatten den Wind. N.W.

Den 19. Dito/deß Morgens waren wir vngefehr ein Meyl von dem Wall/oder Eck von Teysing/haten Peter Planca S.O. von vns vngefehr fünff Meylen/welches auff der Höhe 22. Grad. 20. Minut. ligt auff denselben Tag wurde dem Volck deß Tags eine slapkanne Wasser/teglich zugeordnet.

Den 24. Dito starb die Person/so 9. Tag zuvor/so jämmerlich ware verwundet worden/ware genant Henrich Brius von Bremen.

Den 27. Dito/fuhr vnser Kauffmann/mit der Schlup vnd dem Boot nach dem Land zu/vmb einen Wasserplatz zu finden/aber richtete nichts auß/sahen etliche Joncken in der Revier ligen/da sie etliche Schüsse nach theten/aber die andern schossen mit Bassen vnd fuhren davon/also daß wir fruchtlos wider kamen.

Den 28. name vnser Steurmann ein kleine Jonck/mit dörren vnd gesaltzenen Fischen geladen darin waren 8. Chineser die sich alsbald ergaben.

Den 29. vnd 30. Dito fuhren wir vnderschiedliche mal beydes nach Joncken vnd Fischern/aber bekamen nichts/als einen Fischer mit fünff

Mann/

Vier vnd Zwantzigster Theyl.

Mann/wir suchetẽ Waſſer/welches ich den 31. Dito fand/gut von Geſchmack vnd leicht vmb zu holen.

Die folgende Tage biß auff den 7. Feb. holeten wir vnſer Waſſer/ es ware teglich heßlich vnbeſtendig Wetter/ vnd widerwertiger Wind/zu vnſerer Reyß.

Den 8. Dito/ fuhren wir mit dem Boot/ vnd der Schlup nach dem Lande/mit 27. Mußquetiers einen Zug zu thun/kamen in ein Dorff/da die Leute außgeflohen waren/ marſhirten ein wenig Landwertz hinein/ vnd fundẽ ein Herde Büffels davon wir 17. ſambt etlichen Schweinen vnd Hünern/ zu Schiff brachten.

Den 20. Dito fuhr der Kauffmann Newerrode/ mit Schuyt vnd Boot ſambt 25. Mußquetirn/wider ans Land/verbranden zwey Dörffer da das Volck außgeflohen war.

Den 11. Dito/ fiele vnſer eine Joncke ein vnnd ſuncke/doch den Maſt (der 14. Palmen dick vnnd wol 59. Schuh lang ware) er hielten wir noch/ vnſer Boot fuhr nach dem Land vmb Stroh für die Büffel zu holen.

Den 12. Dito theten wir wider einen Zug/mit 50. wehrhafften Mennern/ lieffen zwey Dörffer ab/ ſahen etliche Büffel aber kunten ſie nicht fangen/ brachten zur Beut mit/etliche Säcke mit Knoblauch vnd Zwibeln.

Den 15. Dito wurde vnſer Oberſteurmann in die Eyſen geſetzt/weil brand in ſeinem Kemmerlein geweſen ware/ doch wurde er noch deſſelben Abend wider außgelaſſen.

Den 18. ſetzten wir einen Vberbord/ der die Nacht zuvor geſtorben ware/ wir theten meiſt alle Tage Zug/ beydes mit vnſern Juncken/ als auch Schuyt vnd Boot/ auff Fiſchers vnd Juncken/ aber bekamen nichts.

Den 20. Dito namen wir ein Junck mit 14. Chineſern/welche ſagten daß ſie auß dem Fluß Chincheo kämen/vnd daß der Herr Commandeur, Cornelus Rayers mit denen in Chincheo vertragen were; doch namen wir die Leute vnd Wahren in vnſer Schiffe.

Den 10. Martij, theten wir noch einen Zug vmb friſch Waſſer/ denſelben Tag wurde auch ein Vogel in der Lufft/ auß vnſerm Schiff geſchoſſen.

Den 17. dito ſtarb ein Bootsgeſell Claes Cornelis von Mittelburg/vñ den 18. der Understeurmann Ian Gerrits Brover von Harlem/ der ungefehr vor fünff Wochen Understeurmann geworden war.

Den 20. Sprungen 3. Chineser uberboord/ vnd meineten mit den Boot zu entrinnen/ aber die Wacht wurde jhrer innen/ einen kriegeten wir wider die andern zween vertruncken.

Den 30. Dito kriegeten wir 2. Juncken vnd einen Fischer mit 27. Mann.

Den 2. April setzten wir zween Chineser ans Land/ die vns zusageten für jhr Rantsion Erquickung zu bringen/ der eine war verwund vnd der ander sehr alt.

Den 5. Dito/ sahen wir zween Chineser in vnserer Holtz-Juncken stehen/ welche rieffen/ daß man sie vberholen solte/ der eine war einer von den zweyen/ welche wir den 2. Ditto ans Land gesetzt hatten/ vnd waren bey der Nacht/ von jhren Landsleuten an die Holtzjunck gebracht worden; sie brachten mit jhnen/ Hüner/ Eyer/ ein Schwein/ Citronen/ Pomerantzen/ Zucker Rohr vnd Taback zur Danckbarkeit/ für jhre geschenckte Freyheit: Fürwar ein grose Tugend/ die viel Christen beschämet/ welche/ wann sie auß der Not seynd/ offtmals jhre Zusag wenig in acht nehmen.

Den 7. Dito/ setzten wir die zween Chineser wider ans Land/ vnd den 8. kame ein Prawe mit zween andere Chinesen an vnser Schiff/ vnd brachten vns auch etwas Erfrischung/ von Aepffeln/ Eyern/ vnnd etliche Krüge mit Arack/ wir verhiesen jnen zween Mennern frey zu geben einen der verwund war/ vnd einen andern auff Zusag/ dz sie vns mehr Erfrischüg bringen solten/ gaben jhnen auch 25. Realen an Geld mit vmb Schweine einzukauffen/ vnd liesen sie wider hinziehen.

Den 11. Dito/ kamen die zween Chineser wider/ brachten mit/ fünff Schweine/ ein Partey Eyer/ Feygen/ Aepffel vnd ander Gut.

Den 13. Dito/ liesen wir die Chineser/ mit jhren zween zugesagten Landsleuten wider nach Land fahren.

Den 15. Dito/ wolten die Schiffburs ein Paß probiren/ luden jhn doppelt scharff/ vnd setzten es mit dem Mund nach der Thür von dem Jonck/ eben kombt ein junger Mensch in die Thür stehen/ vmb sein Wasser abzuschlagen vnd wuste nichts von der andern jhren thun; darauff kombt ein anderer mit dem Lundenstock/ siehet den andern nit vnd schiesset jhn durchs Bein/ welches ein groß Unglück vnd vnvorsichtigkeit von dem Anstecker war.

Wir schlachteten in vnserm Schiff/ dem Nachmittag einen Büffel mit einem Schwein/ vmb den andern Tag/ vnser Osterfest mit zuhalten. In deme

Vier vnd Zwantzigster Theyl.   45

deme die Burß damit vmbgienge/ raufften sich vnser Domine mit einem Assistent/ die wurden beyde in die Eysen gesetzt.

Den 16. dito wurden sie am Ostertag wieder außgelassen/ das Volck auß der Jonck kamen alle in vnser Schiff vmb die Predigt zu hören/ vnd blieben darnach zu Gast auff den Büffel/ deßgleichen theten sie deß andern Tags.

Den 19. dito wurde dem Jungen Gesellen/ der in sein Bein geschossen ward/das Bein abgesetzt/der vngefehr ein Stund darnach starb.

Den 20. dito kamen die zween Chineser / die den 13. von vnserm Schiff geschieden waren/an vnser Schiff mit etwas Erfrischung/ sageten vns/ daß wol zweyhundert Juncken zugleich kommen solten/ vmb vns zu vernesseln/ macheten vns derhalben von alles fertig/ vmb sie/ wann sie ankämen/ zu empfangen.

Den 28. brachten wir 20. Chineser in die Junck / vmb die neben den vnsern in die Piscatoris zu bringen.

Den 1. Maij sahen wir deß Morgens/ daß vnsere Jonck von vns verjrret war/ doch letzlich sahen wir sie ein groß Stuck an der Ly von vns / lage gar vnmächtig/ sein Segel war weg gewehet/ funden derhalben gut/ weil es sehr hart anfieng zu wehen/ das Volck darauß zu lichten; Ich fuhr deßwegen mit dem Boot hin/ vnd nahme das Volck vber/ aber konte neben vnserm Volck/ deren 16. waren/ nicht mehr/ als 10. Chineser/ vberkriegen/ die andern hatten sich versteckt/ vnd der Wind fienge an sehr hart zu wehen/ also daß noch 10. Chineser in der Jonck blieben/ vnd dahin trieben.   Deß Mittags waren wir wieder am Boord / schätzeten vns vngefehr 8. Meil ausser den Ostlichen Inseln von Macao zu seyn/ vnd weil hie ein stättiger Wind wehet/ von einem halben Jahr zum andern / welchen man Moson heist/ so kan der jenige/ der auff einer oder andern Seithen der Piscatoris zu nieder verfelt/ nicht wohl auffwarts ankommen/ biß daß Moson verändert ist/ derhalben schwebeten wir ein lange Zeit dann still/ dann fahrend/ ehe wir in die Piscatoris ankamen/ litten auch viel Sturm vnd Vngemach wie auch Kranckheiten/ auß mangel einiger Erfrischung/ ja waren endlich von 90. nicht vber 50. gesunder Mann auff dem Schiff von vnserm eygenen Volck.   In vnserm Weg begegnete vns noch ein Chineser Jonck sehr köstlich geladen/ die nach den Manilles wolte/ wir nahmen sie/ hatte wol 250. Seelen jnn/ das Volck nahmen wir meist vber/ biß auff vngefehr 20. oder 25. Mann/ vnd stelleten bey 16. Mann von vns eygen Volck darauff/ bunden die Jonck hinden an vnser Schiff/ vnd schleiffeten sie hernach.

F iij   Wir

Vier vnd Zwantzigster Theyl.

Wir hatten damals etliche hundert Chineser in vnsern Schiffen/ musten besorgen/ daß sie vns vberwältigen solten/ dann wir/ wie gemeldt/ nur 50. gesunder Mann starck waren. Wir liessen vnser Volck mit Seitengewehr gehen/ als ob sie alle Officirer gewesen weren.

Bey der Nacht liessen wir alle Chineser in den Raum lauffen/ behiengen es vberall mit Lampen/daß es vnter dem Verdeckt liecht ware/ theten darauff die Luycken oder Läden zu/ vnd stunden 4. Mann mit blossen Säbeln darbey/ so die Wacht hielten. Deß Morgens theten wir die Läden auff/ liessen die Chineser herfür kommen/ vmb jhre Notturfft vnd anders zu thun/ also daß es wiebelte voll Menschen auff dem Schiff. Ich ware offtmals in die Cajut gegangen vmb zu schlaffen/ aber konte nicht; wann ich hinauff kam/ machten mir die Chineser stracks Platz/ giengen an beyden Seithen auff jhre Knie ligen mit geschlossenen Händen/ waren wie Lämmer. Man sagt/ daß sie eine Prophecey haben/ daß jhr Land/ von Männern mit rothen Bärten/ soll eingenommen werden/ vnd weil ich einen rothen Bart hatte/ scheineten sie mich desto mehr zu förchten/ doch was daran ist/ weiß Gott am besten/ wir durfften jhnen gleichwol nicht vertrawen/ alle Morgen giengen sie an die Borden vnd Rusten deß Schiffs sitzen/ reinigten vnnd kämpten sich; sie hatten solch lang Haar/ daß es jhrer etlichen/ wann sie auffrecht stunden/ biß an die Waden hieng/ welches sie flechtsweise wusten vmb jhr Haupt zu drehen/ steckten ein Nadel durch/ die es fast hielt/ vnd den Kamb dargegen an. Wir brachten sie in die Piscatoris, da sie neben andern Chinesern/ so von vnsern Schiffen vnd Jachten waren genommen worden/ zween vnd zween an einander geschlossen/ Erde tragen musten/ zu dem Fort/ das allda gemacht wurde. Als das Fort vollendet war/ waren jhrer wohl vierzehen hundert/ die da meist nach Batavien gebracht/ vnd allda verkaufft wurden. Die Piscatoris Inseln waren vnser Rendevous/ von dannen wir ab- vnd anfuhren/ vnd alle Chineser/ die wir kriegen konten/ allda auffbrachten. Weil wir allda lagen/ kriegeten wir solchen Vrkam (oder vngestümme Windsbraut) daß vnsere Schiffe schier alle auff das Truckene gewehet wurden/ vnter andern vnsere Junck wurde gantz vnd gar auffs Land gewehet.

Weil ich allda lage/ bekame ich Schreiben auß Batavia von meinem Bruder Peter/ welcher/ wie oben gemelt/ Schiffer auff dem Schiff Harlem war/ mit Zeitung/ daß vnser Bruder Jacob das vergangene Jahr auch für Schiffer in Indien ankommen were/ also daß vnser drey Brüder alle Schiffer in OstIndien waren; erzehlete ferner/ daß er in dem

Schiff

Vier vnd Zwantzigster Theyl. 47

Schiff Mauritius / in Gesellschafft deß Schiffs das Wapen von Rotterdam gar elend ankame / hatten vnderwegen jedes bey 275. Mann verlohren. Das Wapen von Rotterdam hatte nicht so viel gesund Volck behalten / daß es seine Segel regieren kont; Er Jacob kame in der Straß von Sunda bey zwey Jachten/ die jhn nach Batavia brachten/ aber das ander Schiff hatte er an der Sudseiten von Java gelassen / vmb welches zu suchen er mit Jachten vnd kleinen Schiffen außgeschickt wurd / sande es auch/ wurde Schiffer darauff gemacht / vnd nach Amboina gesandt. Er schriebe auch weiter/ daß der Herr General Coen mit dem Schiff/ da Jacob mit ankame/ nemblich Mauritius/ auß OstIndien nach Holland gezogen were/ den 2. Febr. 1623. mit noch drey andern Schiffen/ vnd daß Herr Peter von Carpentier deß Tags zuvorn von dem Herrn Coen zum General were gestellt worden/rc. Daß auch viel Haußgesinde auß Holland nach Batavien kämen / auch viel allda sich verheyrathen / daß sie nicht so leicht wieder weg wurden ziehen.

Den 25. Octobr. wurde von dem Herrn Commandeur Cornelis Reyers vnd seinen Räthen geordinirt / daß wir vnter vns fünff Schiffen (nemblich Gröningen/ Samson/ Muyden/ Erasmus vnd Victoria, welches letzte gewisser Vrsach halben nicht mit gieng) vnter dem Commandeur Christian Frans/ nach dem Fluß Chincheo fahren solten/ vnd denselben besetzt halten / damit keine Joncken nach den Manilles vnd andern deß Feinds Plätzen fahren könten / auch an sie die Chineser den freyen Handel versuchen/ wie wir offtmals gethan hatten/ vnd jhnen alsdann alle Freundschafft anbieten; im widrigen Fall aber sie zu Wasser vnd Land bekriegen/ wie wir es/ der Compagnie am besten zu seyn/ erfinden würden/ wie dasselbe weitläuftiger in der Instruction, so vns von dem Herrn Commandeur vnd seinen Räthen mitgegeben wurde / außgetruckt stunde; wir fuhren noch denselben Tag ab.

Den 28. dito kamen wir für deßselben Fluß / setzten es vnter die Pagoden Jnsel/ da alle die Leuthe außgestohen waren/ außgenommen ein alter Mann/ den wir noch funden / liessen/ laut vnserer Ordre/ ein weisse Flagge wehen/ vnd hofften/ daß jemands auß Aymuy zu vns kommen solte/ vmb Vnterhandlung zu pflegen.

Den 29. dito wurde vnter vns gut gefunden / daß man auff jeglichem Schiff 8. oder 9. Zuber mit Wasser vnnd ein Theyl lederne Eymer solte stellen / den Brand (wo etwan die Chineser Brenner wurden zuschicken) zu leschen / vnd daß zwey Schuyten alle Nacht das Drittheyl einer Meil
weit

weit von den Schiffen die Wacht halten solten; vnd weil niemand auß Aymuy zu vns kame / schrieben wir den 30. dito einen Brieff an den Totock zu Aymuy/vnd bestellten den mit dem alten Chineser / den wir auff der Insel gefunden hatten. Wir schrieben / daß wir allda weren ankommen vmb Friede vnd Handel zu suchen / wie wir in vorigen Vnterredungen vnter vns gethan hetten / vnd dann ferner etliche Complimenten/ die sich daran fügeten/ publicirten auch denselben Tag auff allen Schiffen nachfolgende Ordinantz.

Ordinantz / darnach sich das Volck auff den Schiffen/ so vor dem Fluß Chincheo ligen/ zu richten hat.

Nach deme wir allhie an dem Fluß Chincheo vnter vns vier Schiffen ligen / vmb mügliches Fleisses den Chinesern die Fahrt auff die Manilles vnd andere deß Feinds Plätze zuverhindern/ vnd derowegen vermuthlich ist/ daß die Chineser nicht nachlassen werden jhr bestes zu thun/ vns/ entweder mit Gewalt/ Schein deß Friedens/ oder andern betrüglichen Mitteln/ durch jhre Brandschiff hinweg zu treiben/ darumb dann hochnöthig ist/ daß vor allen Dingen beydes in Schiffen als auch Booten vnd Schalupen / sie ligen gleich am Boord/ oder ein Stück Wegs davon/ an statt Außläger/ gute / scharpffe vnnd gebührliche Wacht gehalten werde/ man aber befindet/ daß dieselbe bey den Matrosen nicht gebührliche in Acht genommen werde/ ohne Nachdencken/ was für Schade vnnd Vnheyl darauß zugewarten stehet. Also wird hiemit bey dem E. Commandeur Christian Frans vnnd seinen Räthen geordinirt vnd befohlen/ gleich wie wir hiemit ordiniren vnd befehlen/ allen Schiffs-Officirern vnd Matrosen/ keinen außgenommen / daß ein jeglicher seine Wacht an dem Orth/ da er hingestellt wird/ gebührlich warnehmen solle/ mit Betrohung/ daß der/ den man schlaffend oder nicht in behöriger Ordnung findet/ dreymal von der Rhoa fallen / vnd mit hundert Schlägen für den Mastbaum geleert werden soll. Ein jeder hüte sich für Schaden/ dann man diese Ordinantz/ ohne einiges Ansehen der Person/ an den Vbertrettern vollziehen wird. Actum im Schiffe Gröningen/ ligend in dem Fluß Chincheo/ den 30. Octob. 1623.

Den

Vier vnd Zwantzigster Theyl.

DEn 1. Novembr. kam ein Chineser/ Cipzuan genent/ mit einer Scampan an Boord/ sagend/ daß/ wo wir kämen Friede vnd Handel zu versuchen/ es an jhrer Seiten nicht manglen würde/ weil die Ingesessene alle wohl darzu geneigt weren/ vnd gabe vns weiter gute Hoffnung eines glücklichen Fortgangs; sagete auch/ daß wohl 300. Chineser Kauffleuth versamblet weren gewesen/ vnd dem Combon zu Hockzicu ein Request præsentiren wolten/ mit Versuch/ daß sie mit vns handlen möchten/ weil sie (wie er sagte) durch den Krieg jhr Gut verlohren/ vnd wann es noch lang wehren solte/ gantz vnd gar verarmen würden. Dieser Cipzuan sagte auch ferner/ daß an dem Orth/ da er wonhafftig were/ ein Eremit oder Claußner in dem Gebirg sich auffhielte/ der von grosser Abkunfft were/ ja were auch sehr reich vnd mächtig (meyne gar ein Maderni vber die Provincien) gewesen/ hette sich nach Absterben seiner Haußfrawen/ welche jhme sehr lieb gewesen/ zu dieser Einsamkeit begeben/ thete nun nichts anders/ (wie er sagte) als den armen Leuthen/ die keine Mittel hetten/ jhre Sachen bey den Grossen außzurichten/ also daß er bey Kleinen vnd Grossen in hoher Achtung/ ja gar vor einen Propheten gehalten würde; sagete auch/ daß er demselben Claußner vnsere Vneinigkeit mit jhnen hette zu erkennen gegeben; vnd wie er auch verstanden hette/ daß sie sich sehr rüsteten vmb vns zu bekriegen/ were er zu jhnen gangen/ vnd hette jhnen vorgesagt/ daß wann sie das theten/ sie jhren Stand in Gefahr stellen würden. Darauff Christian Frantz den Cipzuan fragete/ ob kein Mittel were/ dem Claußner eines zu sprechen/ vnd jhm vnser billich vnd rechtmessig Versuch mit allen Vmbständen zu erkennen geben/ welches Cipzuan verhiesse zu wegen zu bringen/ vnd zweyffelten nicht oder wie viel bey jhme erlangen; sagete dabeneben/ daß er heimblich zu vns gekommen were/ vnd daß wir sehen würden/ daß er es gut mit vns meynete/ zoge also wieder seines Wegs.

Den 3. dito kame Cipzuan neben dem Claußner vnd noch einem Chineser zu vns/ wir erklärten jhm die Vrsach vnserer Ankunfft/ vnd was vnser Meynung vnd Ersuchen were; darauff er (nach etlichen Red-vnnd Wiederreden) verhiesse sein bestes zu thun/ die Sach zum guten Ende zu bringen/ wir gaben jhm auch ein Brieff an den Totock mit gleiches Inhalts mit dem vorigen/ durch den alten Chineser gesandt/ er verhiesse denselben dem Totock selber zu behändigen. Vber zween oder drey Tag darnach kame Cipzuan wieder zu vns/ vnd bracht vns Antwort/ in welcher der Totock schriebe/ wie er verstanden hette/ daß wir mit vnsern Schiffen vnter die Pagoden Insel ankommen weren/ vnd mit jhnen Friede vnd Handel versuch-

versuchten/ welches jhm lieb were/ wo wir es mit gutem Hertzen meyneten/ vnd nicht/ wie vor diesem/ Falschheit vnd Betrug (wie jhme zwar beliebete zu schreiben) brauchen wolten/ daß wir dann wohl zu einem guten Accord gelangen könten/ daß er vns in der letzten Vnterred zween Weg gewiesen hette/ nemblich/ die Chineser in Freyheit zu stellen/ vnd Pehol/ bey vns Piscatoris genant/ zu verlassen/ welches wir nicht hetten wollen annehmen/ vnd also die Handlung fruchtloß lassen ablauffen. Wir antworteten/ daß vnser Meynung allezeit gut gewesen vnd noch were. Er schriebe wieder verstanden zu haben/ daß wir nur kämen die Chineser zu berauben/ vnd kein Geld oder Kauffmannschafft mitbrächten. Darauff wir wieder antworteten/ daß vnser Meynung gut were/ vnd das wir den Handel versuchten. Darauff er wieder schriebe/ daß weil wir fast blieben in vnserer guten Meynung/ wir einen Capiteyn zu jhm solten senden/ der mit jhm handlen/ vnd einen Frieden oder Anstand auff etliche Jahr mit jhm schliessen könte. Wir versucheten darauff/ daß er wolte zulassen/ daß wir mit einer Jacht vor Aymuy kommen möchten/ vmb nahe bey der Hand zu seyn/ weil solche Sachen besser nahe als ferne könten abgethan werden. Darauff wir endlich Erlaubnuß kriegeten/ mit eim oder zwey Schiff für Aymuy zu mögen kommen/ funden endlich den 13. dito gut/ daß der Commandeur Christian Frans mit den zwey Jachten Muyden vnd Erasmus nach Aymuy fahren solte.

Den 14. dito zohen die Jachten weg/ die deß Tags darnach vor Aymuy kamen/ vnd wir blieben mit den zwey Schiffen an der Insel ligen.

Den 17. zu Nachts fuhr ich mit dem Boot nach vnsern Jachten/ vmb zu vernehmen/ wie die Sach mit jhnen gelegen weren/ dann es fieng vns an zu verdriessen/ daß die Sach so lang wehrete/ die vor jhrem Verreysen so nahe schiene. Aber als ich nicht weit von den Jachten mehr ware/ sahen wir die eine im Brand stehen/ vnd die andere hatte auch drey Brandter am Boord/ fuhren in grosser Gefahr durch ein Hauffen Scampanen vnd etlichen KriegsJoncken/ vnd sahen wol 50. Brandschiff/ kamen zu der Jacht Erasmus/ das durch Tapfferkeit den einen Brander außgelöscht/ vnd der andern zween sich erlediget hatte/ also daß sie durch Mirackel auß dieser Gefahr erlöst wurden; aber die Jacht Muyden kame mit seiner Fock vnd vordern Marssegel in Brand/ ware nicht zu helffen/ sondern verbrand/ vnd sprung auff mit Volck vnd allem/ das darinnen war/ welches ein betrübtes Ding ware. Wir fuhren mit der Jacht Erasmus starck wieder nach vnsern Schiffern/ die in dem Erasmus erzehleten vns/ wie sich die Sach hette

zugetra-

Vier vnd Zwantzigster Theyl.

zugetragen/nemblich/so bald sie vor Aymuy angelangt/weren jhnen stracks etliche Gedeputirte beykommen/vnd hetten versucht / daß etliche der Fürnembsten bey den Totock kommen solten/vmb mündliche Vnterhandlung zu pflegen/welches von dem Commandeur glimpfflich were abgeschlagen worden/mit Entschuldigung/daß er keine bequeme Tolmetscher hette; aber wann es dem Totock gefiele/ solte er etliche der seinen mit Vollmacht senden/ vmb den Accord zu schliessen. Darauff weren sie wieder ans Land gefahren / vnd nicht lang darnach wieder kommen/mit Vorgeben / daß sie vom Totock genugsame Vollmacht hetten/vnd daß alles/was sie eingehen würden/ fest vnd vnverbrüchlich solte gehalten werden. Darauff man dann in die Handlung getretten / vnd sich vereiniget hette/ daß sie in Teyowan kommen solten/ mit vns zu handlen/ vnd so viel Seyden bringen/als wir jhnen wolten abkauffen/ daß sie ohne vnsere Paßport weder auff Manilles noch Camboia/ Siam / Patany / Janby / Andrigerry / oder andere Orth fahren wolten; daß sie vier oder fünff Joncken nach Batavien senden wolten/ vmb mit dem Herrn General wegen der Piscatoris Jnseln zu handlen / von welchen sie vns gern weg hetten. Nach dem der Accord solenniter beschlossen war/ fuhren sie wieder an Land/ kamen wieder/ vnd ersuchten/ daß etliche Häupter zu dem Totock ans Land kommen solten/ daß der Accord auff einer Seiten in Chinesischer/ vnd der andern in Teutscher Sprach solte beschrieben werden/ damit der Totock dem Combon zu Hockzien schreiben möchte / daß es in seinem Beywesen geschehen were/ brachten mit sich drey Manderins zur Geysel/ vnd nach jhrer Gewonheit drey Pfeile zur Versicherung.

Der Commandeur mit den Räthen in den Jachten funde gut/neben Dudo Floris/ Schiffer auff Muyden/vnd Wilhelm von Houdan/ Oberkauffmann auff Erasmus/ selber an Land zu gehen. Als sie vngefehr 30. starck/ neben dem Schiffer auff Erasmus Jan Pieters Reuß/ans Land kamen/ wurden sie/ eusserlichem Schein nach / sehr wohl empfangen; am Strand stunden Tische für das Bootsvolck gedeckt / vnd wurde wacker auffgetragen/ die Manderins dienten zur Tafel/ wolten/ wie es scheinet/ das Bootsvolck truncken machen. Der Commandeur befahle dem Jan Reus/ daß er auff die Burs Achtung geben / vnd sie stracks wieder nach Schiff bringen solte/ er wurde nach deß Totocks seinem Hauß geführt/ die Mandorins wolten haben/ daß der Reus auch mitgehen solte; er stellete sich/ als wann er folgete/ aber weil jhm was böses ahnete/ ließ er die Burs auffstehen / in den Boot gehen / vnd fuhr mit jhnen an Boord. Deß

G ij   Abends

Vier vnd Zwantzigster Theyl.

Abends gienge der Stewermann Moses Claes mit wohl versehener Schlup an Land / vmb vnsere drey Räthe zu holen / wurde aber am Land von den Chinesern fast gehalten. Das Volck in den Jachten wusten nicht / was sie dencken solten / fragten die Geyseln die Vrsach / warumb jhr Volck nicht wieder käme? Welche antworteten / daß sie frölich weren; aber die Frölichkeit war wohl zuerachten / dann in derselben Nacht / vngefehr vier Stunden vor Tag / kamen sie / wie oben erzehlt / mit wohl 50. Brandschiffen vmb die Jachten zuvernichtigen / wie sie auch einer theten /c. Die Chineser hatten auch etliche Chineser Bier an die Jachten gesandt / da sie Gifft jnn gethan hatten / aber wurde von vnserm Volck ohne jemands Schaden entdecket. Diese Zeitung that vns tapffer wehe / dann es für vns ein grosser Verlust war / vnd ein Gottloß Schelmstück an den Chinesern / welches Gott zu seiner Zeit vrtheylen wird.

Den 18. dito holeten wir etlich Brandholtz auß den Häusern in der Pagoden Insel / da wir vnter lagen / vnd nahmen für / an die Nordseiten deß Flusses zu ligen / vmb desto sicherer von den Brandschiffen zu seyn / dann wir wohl sahen / daß sie keine Freundschafft / sondern Feindschafft / mit vns sucheten.

Den 19. dito kame das Schiff der Englische Beer auß Japon zu vns / denen wir all vnser Wiederfahren erzehleten / vnd vmb dieser vnd anderer Vrsachen willen / versamblete sich der Schiffsrath / vnd beschlossen das / was in folgender Resolution vermeldet wird.

Resolution, genommen von den Oberhäuptern der Schiffe / der Englische Beer / Samson vnd Erasmus / den 24. Novemb. 1623. vor dem Fluß Chincheo.

Nach deme (als wir den eylfften Novembr. auß Japon zohen / zu besserer Versicherung vnserer Reyse / nach den Piscatoris) gut gefunden wurde / die Cust von China anzuthun / seynd wir Gott Lob / den 19. dieses vor den Fluß Chincheo gekommen / vnd allda gefunden die Schiffe Gröningen / Samson vnd Erasmus / von welchen wir / zu vnser aller Leydwesen / vernommen haben die klägliche Brunst der Jacht Muyden / vnd die Gefängnuß deß Commandeurs Christian Frans vnd gecommittirten. Weil nun die Instruction der Herrn Commandeurs Cornelis Reyers inhat / daß man / es were gleich Krieg oder Frieden / den Fluß
Chincheo

Vier vnd Zwantzigster Theyl.

Cincheo mit Schiffen besetzt halten solle / vnd aber die Freunde in den obgenanten Schiffen klagen / daß sie viel krancken vnder jhnen / sonderlich Samson schwerlich / so viel gesund Volck hätte/daß es seinen Ancker liechten kann / vnd also die Kust notwendig würden verlassen müssen / oder jhre Krancken andern vbergeben/vmb sie nach den Piscatoris zu bringen: Also ist gut gefunden vnd beschlossen (weil auch die Freunde vermelden / daß der Herr Commandeur Reyers mit den meisten Krancken/auß dē Piscatoris Teyowan verreist ist / vnd also wenig Krancke in den Piscatoris seynd) von vnserer Erfrischung / die wir in der Flote haben / an die obgenande drey Schiff vberzulassen: 10000. groser Aepffel / 10000. Mykans / 20. Schweine / 200. Pomponen / vnd drey Kühe / damit nicht auß Mangel Erfrischung der Flüsse / zu Vndienst der Compagnie vnbesetzt bleibe.

Vnd weil durch die Gefängnuß deß Commandeurs, die Flote eines Oberhaupts entblöst ist / so hat der Raht vnder deß biß nähere Ordnung vom Commandeur Reyers kombt / gestält vnd stelt mit diesem Wilhelm Jßbrands Bontekuhe / in allen vorfallenden Sachen den Raht zu beruffen / darinn zu Præsidiren / vnd wie zuvor die Flagge auff der grosen Steng zu führen ꝛc.   Actum in dem Englischen Bär / auff Tag vnd Jahr / wie oben war vnderzeichnet bey

   Jsaac von Wercken
   Franß Lenders Balck
   Hermann de Coninck
   Peter Frans
   Ian Peters Reus.

Diese Erfrischung erquickete vnsere Krancken auß der massen sehr / wir hielten den Fluß / so viel müglich besetzt vnd vnfrey / also daß die Chineser nicht frey an die Manilles oder anderwerts fahren kunten / namen jhnen vnderschiedliche Joncken / vnd ander Fahrzeug ab.   Endlich fuhr ich wieder nach den Piscatoris, vnd weil mein Zeit auß / vnd ich nicht gesinnet war mich auffs new zu verbinden / wiewol der Herr Commandeur Reyers / starck darumb anhielt / vnd mir besser Condition, auch merckliche Verhöhung an Besoldung anbat / so erlanget ich endlich nach vielem Versuchen / daß ich vbergehen mödte auff ein ander Schiff / daß fertig war vmb nach Batavien zu fahren / genant gute Hoffnung / der Herr Commandeur gabe vns ein lange Resolution mit / darnach wir vns in vnser Reise vnd wann

Vier vnd Zwantzigster Theyl.

vns Schiff begegneten richten solten/vnder andern auch diese kurtze Instruction.

Instruction für die Rahtspersonen deß Schiffs die gute Hoffnung genent/fahrend auß Pehoe nach Batavien.

JNtemal vnserer Oberherren/ vnd deß Herren Generals begehren ist/daß man in allen Schiffen eine Person stelle/ so in allen fürfallenden sachen/ den Raht beruffen vnd darinnen præsidiren soll; also haben wir darzu gut erkant/ Willhelm Jßbrants Bontekue Schiffer/ auff dito Schiff/vmb in allen vorfallenden Sachen der Compaß/ dienstbetreffend den Raht zuberuffend/arinnen zu præsidiren vnd die erste Stimme zuhaben.

    Ian de Moor Kauffmann/
    Ian de Nayer Steurmann/
    Hoogbotßmann
    Vnder Steurmann   Die fünffte Stimm.

Diesen hiegenenten RahtsPersonen/wird die Vollführung der Reyß zum höchsten anbefohlen/auch zubefördern was der Compagnie dienstlich seyn möchte/vnd allen Fleiß anzuwenden deme/was weitleufftig in der resolution de dato 19. Feb. 1624. außgetruckt stehet/nachzukommen. Datum im Fort die Piscatoris den 20. Feb. 1624.

                            Cornelis Reyers

Den 21. Febr. bin ich mit dẽ Schiff/die gute Hoffnung genant/ auß dẽ Piscatoris abgefahren/doch mit Instruction/dz wir erst zwerg vbernach der Kust von China solten lauffen/aber kriegeten ein harten Sturm/als wir an der Kust waren/vnd weil vnser Schiff/so vngeschickt ware/dz wir es mit der Fock nicht wol mit dem Wind kunten vmbwenden/ vnd dabeneben so teck/ daß wir aneinander bey der Pump stehen musten/funden wir Vngerhaten vns daselbst lenger auffzuhalten/sondern fuhren fort nach Batavien, passirten den 24. vnd 25. dito die Jnseln von Macao/mit vnbestendigen Wetter.

Den 6. Mertz/ kamen wir zu dem Englischen Bären/da Schiffer auff war Frans Leenders von Rotterdam / vnd Kauffmann Jsaac von Wercken; sie hatten wol 160. Chineser/so Menner/als Weiber vnd Kinder bekommen/die wir/laut vnserer Instruction, von jhnen vbernehmen wolten/vnd

Vier vnd Zwantzigster Theyl.

ten/vnd sie allda lassen/aber sie bezeugeten daß jhr Schiff/so schwach vnd leck were/daß sie es schwerlich vber Wasser halten kunten/vnd daß sie es nothwendig nach Batavien musten gehen lassen.

Den 8. brachte vns der Schiffer auß dem Bär/zwey stück Viehs zur Erfrischung.

Den 9. fuhren wir an den Bär/kriegeten wider zwey stück Viehs/ein Partey Bonen/etliche Häfen mit Oel/vnd andere Sachen.

Den 17. Anckerten wir vnder Pulepon, holeten allda Wasser/vnd namen 64. Chineser auß dem Bär vber: Fuhren auch vmb Brandholtz zu hawen.

Den 30. kamen wir zu der Menschenesser Insel zu Ancker.

Den 2. Aprill/kamen wir vor die Rede von Batavia: Allda thete ich wider etliche Zug/nach steinen an den Inseln zwischen Bantā vnd Batavie.

Ich hatte mir nun gentzlich vorgenommen/mit erster Gelegenheit wider nach Holland zukehren: Dann ich das Sprichwort war befande/daß jeglicher Vogel gern ist wo er gehecket wird: Vnd was schöne Lender/Custen vnd Reiche man befähret vnd besihet/daß condition, nutzen vnd Lust man geniest/so würde es nur ein Last seyn/wann man sich mit der Hoffnung nit erholte/daß man es einsmals zu Hauß erzehlen wolte: Dann wegen dieser Hoffnung heist es ein Reyß/sonsten solte zwischen dem Elend bawen/vnd solchem Reysen daß ohne Hoffnung geschicht/geringer Vnderscheid seyn. Weil ich also zu Batavien ab vnd an fuhr Steine zuholen/wurden drey Schiffe/nemblich Hollandia/Gonda, vnd Mittelburg verfertigt/vmb nach Patria zufahren/welche Gelegenheit ich warnam/vnd den E. H. General Carpentier vnd seinen Rähten versuchte/daß ich damit wegziehen möchte/welches ich auch erwarb/wurde zum Schiffer auff das Schiff Hollandia gestelt/welches ein trefflich wohl gemuntirt Schiff war; der Commandeur Cornelis Reyers/ware mit der Zeit auch auß den Piscatoris nach Batavien ankommen/vmb nach Hauß zuverreysen/wurde zum Commandeur vber die drey Schiff gestelt/wir bekamen jhn in vnser Schiff/war ein kluger erfahrner Mann/so der Compagnie in vielen Sachen grose Dienst gethan hatte.

Weil ich auff Batavia ware/sprach ich meinen Landsmann Willhelm Cornelis Schouten an/vnd gienge viel mit jhm vmb/er fuhr in vnserer Gesellschafft auff dem Schiff Mittelburg auch nach Hauß.

Den 6. Febr. 1625. seynd wir vnder vns drey obgedachten Schiffen/von Batavien abgestossen vmb in Gottes namen nach Hauß zufahren/Im Passant theten wir Bantā an/da vnserer Schiff etliche lagen/namen allda

noch

noch ein groß Seyl mit einem Marssegel darauß / namen auch Abscheid von den Freunden/ vnd weil der Wind vns zu wieder war/ lavierten wir vnder die Insel Sabesee / welche inwendig der Straß von Sunda ligt/ bey Sumatra / allda blieben wir vier Tag ligen / vnnd warteten auff guten Wind.

Den 15. Dito / seynd wir wider zu Segel gangen mit einem Landwind / kamen deß andern Tags auß der Straß von Sunda / vnd fuhren mit vnderschiedlichen Winden biß auff den 15. Martij an welchem Tag vnser Commandeur Cornelius Reyers Bettlägerich wurde.

Den 16.17.18. fienge es an / so hart zu wehen / daß wir die Segel nicht mehr regieren kunten / förchteten einander in der Nacht zuverlieren : Vnd weil wir in vnserm Schiff bey der Nacht das Liecht führeten / ließ ich den Schiffrath bey dem Commandeur in der Caſut, der wie obgemelt kranck danider lage / zusammen kommen / sagte daß ich sorg hätte / wann wir die Nacht durch seglen solten / daß wir einander wurden verlieren / weil wir es nicht auff 8. Strich halten könten / vnd daß ich für das beste hielte die Segel bey Tag einzunehmen / vnd vnder See zu schiessen / wann vnsere Gefehrten das sehen / wurden sie deßgleichen thun / also vertrawete ich würden wir / so weit nicht von einander jrren / oder wir würden einander deß Morgens sehen können: Darauff der Commandeur sagte / duncket euch das gut Schiffer / so last es thun / darauff wir die Segel einzohen vnd vnder See schoſſen. Vnsere zween Gefehrten / nemblich das Schiff Gonda vnd Mittelburg theten / wie sie daß sahen / dergleichen. Vngefehr sechs Stunden in der Nacht fieng es an / so hart zu wehen / daß es einem / der es niemals gesehen oder gehöret hat / vnmüglich duncken solte / daß der Wind eine solche Macht könte haben. Der Wind war rund vmb die Compassen / dann die Compassen treheten sich rund vmb / daß wir nicht sehen kunten / wie wir wend lagen / das Schiff suncke durch den Wind / so sehr ins Wasser / als wann der Wind recht von oben nieder käme / die Ancker die auff dem Buy stehen / kamen schon ans Wasser / daß wir nicht anders gedachten dann das Schiff wurde sincken / endlich wehet vnser grosser Mast Vberboord / dardurch sich das Schiff wieder etwas erhube : Wir stunden beyeinander vnd hatten die Köpff zusammen gestossen / kunten aber nicht reden oder ruffen / daß einer den andern verstunde / so viel vnser oben waren.

Dieser vngestimme harte Wind / welchen man Orkan nennet / wehrete vngefehr 7. oder 8. Stund / darauff fienge er an sich ein wenig zu legen. Als es am härtsten währete / ware dz Wasser / so eben als eine Taffel daß es

sich

Vier vnd Zwantzigster Theyl.

sich nicht konte erheben/aber als der Wind abnahm / erhub sich die See so gewaltig/daß einer dachte das Schiff würde vber vnd vbergehen; es schlingerte bißweilen die eine Seiten gar vnders Wasser/davon wir so viel Wasser ins Schiff kriegeten/daß wir nicht wusten/wie wir es angreiffen solten/ dann das Wasser lieff im Raum also / daß wir wol sieben Schuh hoch Wasser im Schiff hatten/ehe wir es gewar wurden/also daß wir meineten das Schiff sincke schon/ pumpeten auß allen Pumpen / aber es schiene das Wasser dargegen anzuwachsen; wir stunden da wusten nicht was wir thun solten/dann es war ein verderbt Spiel/ darzu kame auch das vnsere Pumpen vntauglich wurden; dann wir hatten vnder dem Pfeffer bey 60.so Metallin/als eyserne Stück ligt/welche durch dz schlingeren den Boden durchstiesen/dardurch der Pfeffer in das Wasser vnd die Pumplöcher liese / doch weil wir das vertrawen hatten/vnser Schiff were vnden noch gut/thäte wir alles was wir konten / reinigten die Pumpen mit allem Fleiß/ vnd fiengen wieder an zu pumpen/kunten stracks sehen/ daß sich das Wasser verlohre/ dardurch wir wider Mut schöpffeten.   Deß morgens sahen wir vns vmb nach vnsern zween Reißgefärten/ nemblich dem Schiff Gonda, vnd dem Schiff Mittelburg/das Schiff Mittelburg lage auff der einen Seiten von vns/hatte alle seine Masten verlohren/ außgenommen seinen besans Mast/ also daß wir beyde in einen elenden Zustand waren / vnd ware guter Rahtewer;dz Schiff Gonda ließ sich nirged finde/ist zweiffels ohne gesuncke/dan wir auch zu Nachts bey einem Ort voriiber fuhren/da das Wasser brauner war/als sonsten/etliche schöpffeten mit Eymern darauß vnd sagten/daß sie Pfeffer außschöpfften/also daß vns gleich ahnete/es wurde mit vnsern Gesellen nicht zum besten stehen.   Deß andern Tags wurde es wieder gut Wetter/die im Mittelburg schoben jhre Schlup ins Wasser/ vnd ruderten nach vns zu/kamen hinden an vnser Schiff vnder die Gallerie,vnd rieffen vns zu / erschrecketen vns auch anfenglich wie wir sie höreten ruffen/ weil wir vns ihrer nicht versahen/der Schiffer genent Ian Dike, von Vlissingen kame mit noch einem andern in vnser Schiff / thete vns zu wissen wie es vmb sie stunde/ vnd wir sagten jhnen auch vnsern Zustand; sie klageten wie daß sie alle jhre Masten vnd Zeug verlohren hetten/ vnd wann wir jhnen nicht beyspringen/würden sie kein Land erreichen können: Wir hatten vnser Fockemast/ Bugspriet vnd Besansmast noch behalten/wie auch vnsere grose Ree weil ich dieselbe streichen ließ ehe der Wind ankam/ vnd sie hatten die jhre lassen stehen/dardurch sie alle jhre Segeltücher beraubet waren/ wir beschlossen demnach jhnen vnsere grose Ree / vberzulassen mit vnserer

Vor-

Vorſtens / vnnd ein Stangen von 14. Handbreit die wir noch im Schiff hatten/dann wolten ſie noch ſo viel ſtümpffe zurichten/daß ſie damit ſich getraweten Land zuerreichen/wurde auch beſchloſſen/ daß wann wir jhnen daß gegeben hetten/ein jeglicher/nach dem erſten dem beſten Land trachten ſolte zukommen / hatten es gemüntzt auff den Bay Sancta Lucia in der Inſel Madagaſcar.

Diß wurde nun / ſo von dem Schiffsrath in der Cajut beſchloſſen/ vnd dieweil ich Schiffer war/muſte ich es dem Volck anſagen / aber als ich jhnen befahl die Sachen vberzulangen/wiederſtunde mir der gantze Hauff/ ſagten daß ſie mehr Noht hetten / als die in Mittelburg vnd wolten nichts herauß geben/aber ich gab jhnen gute Wort vnd ſagte / ſehet zu jhr Menner was jhr thut/laſſen wir das Schiff Mittelburg / ſo vnmächtig ligen / ſo kann es ſich nicht durchbringen / ſondern muß vergehen/dann es kann kein Segel auffrichten/ wir ſeynd gleichwol Chriſten / laſt vns ein Chriſtlich Werck beweiſen/ dencket einest was jhr wol ſolt wöllen/wann jhr an ihren Platz weret/laſt vns daſſelbe auch an vnſern Nechſten thun / ſumma gab jhnen ſo gut Wort als ich erſinnen konte; endlich ſtieſen ſie die Köpff zuſammen/ſagten vnder einander/ es iſt gleichwol war wie der Schiffer ſagt / wir ſeynd dannoch Chriſten / vnd wann Mittelburg nicht zu recht käme/ was wolten wir ſagen / kamen alſo zu mir für den groſſen Maſtbaum vnd frageten / Ob ſie dann wann ſie jhnen / daß vbergelanget hetten wol von jhnen abſcheyden möchten/darauff ich antwortete / ja daß es ſo in der Cajut beſchloſſen were; alſo wurffen ſie die Steng mit der groſen Ree / vnnd der Stangen vber Boord / vnd die von Mittelburg ſchleifften das nach jhnen wieder in jhr Schiff / namen jhren Abſcheyd von vns / ſolten einander ob GOtt wol in der Bah Sancta Lucia wider finden.

Den 22. Dito / ſchieden wir von denen in Mittelburg / ſtelten vnſern Cours nach der Inſel Madagaſcar, kriegeten es den 30. ins Geſicht vnd fuhren in den Bay Lucia, fiengen den erſten Aprill an das Schiff zu beſſern ſprachen mit den Einwohnern vom Land/vnd wieſen jhnen/ daß wir vnſer groſen Maſt verlohren hetten / frageten ob kein Raht were einen andern zu kriegen : Sie kunten vnſere Meynung verſtehen / vnd giengen mit vns Landwertz vnd zeigeten vns bequeme Beume / erboten ſich aller Hülff wann wir etwas von nöthen hatten: Ich zog mit Leuten Hacken / Segen vñ andern Zeug darnach zu / funden vnſer Gadung / vnd lieſen durch die Zimmerleut wieder einen Maſt zurichten : Es wurde weit vnd breit durchs Land

verſpreit

Vier vnd Zwantzigster Theyl.

verspreit / daß wir da lagen darauff die Einwohner / auß allen Orten her kamen / trieben jhr Vieh vor jhnen hin / vnd schlugen sich bey vns nieder / richteten allda Hutten auff vnd brachten vns alles was sie hatten / Aepffel Limonen / Citronen vnd Milch / die sie erst auff suden ehe sie die zu Kauff brachten / weil sie sonsten stracks sawer wurde: Wir tauscheten vnd kaufften auch etlich Viehe von jhnen / auch fuhren jhre Fischer in die See / vnd brachten vns Fisch zu kauffen vnd zu tauschen: Das Volck ware vns sehr geneigt wiesen vns / daß sie im selben Land auch noch Feinde hetten / gaben vns mit Zeichen zuverstehen / daß wann wir jhnen helffen wolten / sie für vns alles thun wolten was sie könten / es fiel auch allda Wachs vnd Honig / welches sie vns verkaufften: Wir verstunden von jhnen / daß jhr König Spannisch reden kunt / welcher 5. oder 6. Tagreysen von dannen wohnete / sanden derhalben zween der vnsern nach jme zu vmb zu fragen / ob er vns etwas Reiß wolte verkauffen / der eine hieß Abraham Steffens von Fleissingen / redet gut Spannisch: Sie kamen zu dem König / wurden wol von jhm empfangen / theten jhre Bottschafft / vnd versuchten etwas Reiß zu kauffen: Aber der König sagte / wie daß die Hewschrecken das Jahr / den Reiß meist verzehret hetten; welches dann wol zu glauben war / dann ich habe selbsten gesehen (als ich ein stück Wegs Landwertz gegangen ware) daß die Hewschrecken vber das Land herflohen / wie eine Wolcken / flogen einem auff den Leib vnd die Brust / daß man schwerlich Athem schöpffen kunte / sie hatten Flügel / vnd auff der Erden hupffeten sie wie andere Hewschrecken: Der König sagte / daß sie bißweilen wol drey oder vierhundert Menner stelleten / vmb den Reiß zubewahren vnd die Hewschrecken abzutreiben / aber hülffe wenig / also daß wir keinen Reiß kriegen kunten: Wir sahen / daß die Inlender die Hewschrecken namen strichen jhnen die Flügel ab / legten sie auff Koolen zu braten vnd assen sie auff / wiesen daß wir es auch thun solten / aber wir hatten keinen Lust zu. Der König kame mit vnsern zween Gesanden zu vns ans Schiff / schenckte vns zwey stück Viches / darvor wir jhm zwey Mußqueten gaben / sagte vns auch / daß er keinen Reiß vbrig hette.

Als wir 11. Tage da gelegen hatten / starbe der Commandeur Cornelis Reyers / wir begruben jhn auff einer baumreichen Insel / in den Bay vnder einen lustigen grünen Baum / den besten so wir funden / vnsere Mußquetieter schossen dreymal ober dem Begräbnuß / vnd auß dem Schiff wurden fünff Schüsse gethan / zogen darauff wider zu Werck / vmb vnser Schiff wider tauglich zu machen / vnd weil das Volck mehr Außwege vnd Wolust / als Arbeit suchete / ich aber wuste wie wir beschaffen waren / vermahnete

mahnete ich das Volck teglich mit guten Worten / jhr Leute thut doch ewer bestes vnd last vns vnsere Zeit nicht versaumen / dann wir seynd nur vor 8. Monat geproviandirt/versaumen wir nun vnser Zeit/ vnd essen das Proviand auff/ so müssen wir wider nach Batavia, (vnd da wuste ich wol hatten sie keinen Sinn zu) sprach jhnen also ein Hertz zu/ vnd an statt deß Gebietens muste ich schmeichelen / wie man in solchen Fällen offt thun muß/ dann wir hatten noch viel zuverrichten: Hie gienge es mir wie man von Scipio Africano lieset/ welcher pflegte zu sagen/ daß er niemals weniger müssig were / als wann er müssig were / vnd niemals weniger allein / als wann er allein were / dann ich hatte deß Nachts gnug zu thun mit vberzuschlagen/ wie wir es bey Tag solten anstellen/vnd einem jeden mit Frieden an sein Werck stellen / also daß endlich die Burs in jhrem Gemüht vberzeugt wurde/ vnd sich tapffer braucht. Biß auff den zwey vnd zwantzigsten Aprill/ da waren wir fertig vnd bereit/ vnser Reyß zu vollführen/ holten vnser Wasserfesser voll Wasser / vnd krieget ein jeder auß dem Volck/ so viel Aepffel vnd Limonen / als er in seinem Ligerplatz oder Koy lassen kunt.

Die Inwohner deß Lands waren meist alle schwartz /etlichen hienge das Haar auff dem Haupt/ etlichen war es kraus wie Schaffswoll: Die Frawen hatten dz Haar rund vmb das Haupt mit kleinen Flechten gestochten/ vnd mit Traen beschmirt/ daß es an der Sonnen glentzete/ welches die Menner meist auch theten: Der meiste Theyl hatten nur ein Tüchlein vmb/ die Mitte jhre Scham zu decken/ etliche giengen auch gantz nackend ohne einige Scham.

Den 23. hatten wir vns vorgenommen/ deß andern Tags frühe mit dem Landwind abzuseglen / aber in derselben Nacht fuhren zween auß den vnsern/ so die Wacht hatten/ mit vnserm kleinen Nachen an Land/ vn lieffen zu den Schwartzen/ dz wir sie nit kunten finden/ wir verwunderten vns sehr darüber/ dan sie hatten das gantze Schiff/ mit helffen tüchtig machen vn lieffen eben die letzte Nacht weg/ vn darzu zu einem barbarischen Volck/ die weder von Gott noch seinē Gebot wuste; der eine hiese Hilke Iopkis auß Frießland/ vnd der ander Gerrit Harmens von Norden; wir Muthmassen/ daß sie sich zu viel mit den Weibspersonen/ allda werden eingelassen haben / die durch schmeichelhafftige Wort jhre Hertzen/ zum allda zubleiben gelencket haben / dann die Weiber krefftige Werckzeuge seynd / vmb der Menschen Hertzen zuverleyten/ wie man viel Exempel hat an Samson/ David/ Salomon ꝛc. Wir sahen allda viel Kinder lauffen / die bey nah gantz

weiß

Vier vnd Zwantzigster Theyl.

weiß waren / hatten weißlich Haar auff dem Haupt / also daß zu dencken war/daß sie von Holländern/die vormals in dem Bay gewesen seynd/wären gezeuget worden. Die Weiber waren sehr begierig nach vnserm Volck / hette man allda Wein vnd Bier so wohl können bekommen / als man Frawenspersonen konte / so hetten wir vnser Werck so bald nicht verrichten können / aber nun / wann sie genug bey den Weibern gewesen waren/kamen sie wieder/wie gedultige Lämmer/an jhr Werck/das sage ich von vielen/die Fromme außgesondert.   Durch das Weglauffen dieser Gäste/wurde vnsere Reyß noch auff einen Tag verhindert / dann wir liessen sie noch denselben Tag suchen/ bekamen sie wol zu sehen / aber wann sie vnser gewahr wurden/lieffen sie abwegs /also daß wir sie da musten lassen.

Den 25. April stiessen wir von Madagascar ab / vnd fuhren mit sehr vngestümmen Wetter an den 28. Maij Terra de Natal vorbey / vnd ferner mit solchem Vngewitter/daß/ wo das Schiff nicht so starck were gewesen/es vnmüglich hette können gantz bleiben/biß auff den 6. Juni/da wurde es so schön Wetter/daß wir/die wir zuvor gleichsamb in der Hell gewesen waren / nun schienen im Himmel zu seyn/ befunden / daß wir mit dem Strom schon vber Capo de bonasperanza waren getrungen worden / richteten vnsern Lauff nach der Jnsel St. Helena/die wir auch den 14. Junij zu sehen bekamen/ mit vnser aller Frewde/ lieffen neben dem Wahl hin/ vnd wie wir vmb das Eck kamen/an den Kirchhoffe/da der Wasserplatz ist/ sahen wir ein Spanische Carack recht vor dem Kirchhoff ligen/ welche/ so bald sie vnser gewahr wurden / alsobald etlich Geschütz an Land brachten/ eine Baterey auffwurffen/ wir konten wegen eines Wirbelwinds sie so bald nicht erreichen/als wir gern gewolt hetten/dann vnsere Meynung war jhr stracks an Boort zu legen/jhre Seyler abhawen/vnd mit jhr in die See gehen/hetten es wohl thun können/dann jhr Geschütz lage so hoch/ daß wir mit vnserm Schiff darunter ligen konten / hette vnser Anschlag gelückt / zweyffelt nicht/oder wir würden sie vermeistert haben/aber durch den Wirbelwind kamen wir nur auff ein Mußquetschuß nahe zu jhnen/ mahneten vnsere Schlup/vnd sandten den Vnterkauffmann / Herman de Coning auß dem Haag/nach jhnen zu/ mit einem Friedenfahnen/sie theten dergleichen/vnd begegneten vnserm Volck zwischen beyden Schiffen / frageten vns/ wo wir her kämen? Die vnsern antworteten: Auß Java / vnd daß wir von vnserer Gesellschafft verjrrt weren/ die wir stündlich erwarteten; frageten sie wieder/wo sie von dannen kämen? Welche antworteten: Von Goa.   Darauff wurden sie weiter gefragt : Ob sie / weil sie den Wasser-

H iij plat

Vier vnd Zwantzigster Theyl.

platz jnn hetten / zulassen wolten / daß wir Wasser / welches wir benöthiget weren / abholeten / wolten darauff stracks wieder weg ziehen; sie aber rieffen: Anda pero anda canali, mit vielen andern Schmähworten. Also kehrete vnser Volck wieder vmb / vnd erzehlete / was jhnen begegnet were / wir liessen darüber den Schiffsrath zusammen kommen / vnd funden gut / die Schalup noch einest an sie zu sänden / vnnd zu fragen / ob sie sich bedacht hetten / wo sie es nicht wolten zustehen / so solte man ein Vhrglaß vmbkehren / kämen sie dann mittlerzeit / vnd bewilligten in vnser Begehren / so solte man Friede halten / wo nicht / alsbald auff sie loß brennen. Mit dieser Resolution fuhr die Schlup mit einem Friedefahnen wieder nach jhnen zu / sie fuhren wieder entgegen / vorne stund ein Mönch mit seiner Kappen auff / der vnser wartete / der Vnterkauffmann thete seine Rede / aber kriegete wieder verkehrte Antwort / anda pero anda cane, wir wollen euch nicht sehen / packt euch von dannen. Wir liessen darauff alsbald ein Glöcklein leuten / theten vnser Gebet / kehrten ein Halbstundenglaß vmb / vnd so bald es auß ware / vnd wir sie nicht sahen kommen / gaben wir mit vnsern halben Carthaunen / derer wir eylff hatten / Fewer auff sie / vnd schossen in die Carack / daß es rammelte / dann sie war leicht zu treffen; sein Vorschiff oder Castell war schier so hoch / als vnsere Vormaes / wiewol wir auch ein Schiff hatten von 500. Lasten. Wir schossen so lang darauff / daß sie wenig mehr auß der Carack schossen / aber mit dem Geschütz / das sie auffs Land gebracht hatten / vnd auff jhre Baterey gestellt / schossen sie ohn Auffhören in vnser Schiff so gewiß / als wann sie es mit der Hand darein legeten / jeglicher Schuß traffe 2. 3. 4. Schuh vber dem Wasser / also daß wir sorgeten / sie würden vns in Grund schiessen / vnserer wurden auch etliche verwundt / vnter andern vnserem Vnterzimmermann / genant Bockyen von Dort / wurde beyde seine Beine abgeschossen / lebete noch ein wenig / darnach aber starb balde; wir konten allda nit länger dawren / lieffen hinder die Klippen / da wir frey vor jhrem Schiessen waren / so nahe am Land / daß man mit einem Stein darauff werffen konte / damit wurde es Nacht. Wir liessen alle Officirer / neben dem Kellner / zusammen kommen / frageten jhn / wie viel wir noch Wasser hetten / vberzechneten es / wie viel wir nöthig hatten / weil wir noch die Lini passiren müsten / vnd es noch lang anstehen könte / ehe wir in Holland kämen / vnd funden / daß man einem nicht mehr / als vier Gläßlein oder Mützgen Wasser alle Tag geben konte; also frageten wir die Officirer / vnd dieselbe das Volck / was sie dunckete / ob sie vmb das Wasser mit jhren Feinden / als desperat, fechten wolten / oder lieber fortfahren

Vier vnd Zwantzigster Theyl.

fahren nach Hauß zu/ vnd mit vier Mutzgen Wasser deß Tags vorlieb nehmen/sie stimmeten einhellig/ nach Hauß zu fahren/ vnd mit vier Mutzgen zu frieden zu seyn; also lichteten wir die Ancker/vmb fort zu seglen/aber mit dem Tage/ als wir vmbgiengen/ das Schiff mit dem Boot herauß zu ziehen/ kamen die Specken mit Mußqueten vom Land/ vnd schossen in das Schiff vnd den Boot/ daß man nicht bleiben konte / hetten wir noch eine Stund länger gewartet/ so würde es vns vermuthlich viel Volcks gekost haben. Die vorgemelte Carack ist (wie wir darnach seynd berichtet worden) gesuncken/ dann etwas Zeit darnach/ noch sechs Holländische Schiff ankamen/ vmb sich zu erfrischen/ welche sie sahen im Grund ligen/ vnd die Portugesen hatten all das Gut neben dem Geschütz ans Land gebracht/ vnd damit so sehr nach den sechs Schiffen geschossen/ daß sie nicht landen dorfften/ sondern haben müssen/ wie wir auch/ ohne einige Erfrischung wieder abziehen.

Wir stelleten vnsern Cours N. W. an/nach der Jnsel Ascension zu/ aber bekamen sie nicht ins Gesicht/ sahen sonsten / wie wir vermutheten/ nicht weit davon zu seyn/ ein hauffen Seevögel/ vnd fuhren mit starckem Wind die Lini hindurch ohne Hinderung / vber welcher wir in vnserer Hinreyse wol 6. Wochen zubrachten/fuhren also jmmer weiter ohne einige sonderliche Zufäll/ allein den 27. Septembr. kame eine Tauben in vnser Schiff fliegen/ aber weil das Volck all zu begierig war sie zu fangen/ floge sie wieder auff/ vnd fiel ins Wasser.

Den 2. Octobr. sahen wir ein Schiff / zu welchem wir gegen dem Mittag ankamen/war ein Englisch Mann/ M. Schmalwater genant/kame von Terreneuf/ wir kaufften jhm bey 2000. Fische ab/ vnd tractirten jhn in vnserm Schiff.

Den 8. Octobr. starbe Capitein Strycker eine tapffere vnd außbündige Person/vnd in Kriegshandlung wohl erfahren ware/von dem Rheinstrom bey Wesel bürtig.

Den 15. dito sahen wir Land/ welches wir Jrland zu seyn befunden/ lieffen in Kinsal ein/da ein Königlich Englisch Schiff lage/mit zwey Lagen Geschütz/ vnd weil ich wuste / daß meine Principalen/ die Ost Jndische Compagnie/ mit den Englischen nicht allzuwohl stunde/ so truge ich Bedencken/ das Volck so hauffenweiß ans Land zu lassen gehen/ förchtete einig Vngemach von deß Königs Schiff / setzte mich Seewarts von jhm/ dachte/ wann er einen Handel anfängt/ so können wir die See kiesen/ vnd wann er vns verfolgt/ so sind wir seiner getrost. Jch fuhr an Boord/ vnd
lude

lude den Obersten in vnser Schiff / der auch kame; ich fragete nach aller Gelegenheit/vnter andern auch/ ob er Lust hette/ vns einiges Leyd anzufügen? Der antwortete: Nein; vnd war frölich mit vns. Ich war noch nicht auß der Sorg/ ließ am Land eine Mahlzeit zurichten / vnd lude jhn darauff zu Gast/ vnd fragte jhn/als wir am frölichsten waren/nochmalen/ ob er keinen Befelch hette vns anzugreiffen? Er verklärte darauff: Nein/ vnd daß er/ mittlerzeit wir da gelegen weren/ nach Engelland geschrieben hette/aber keinen Befelch empfangen; aber ich dorffte jhm gleichwol nicht vertrawen. Vnterdessen kamen noch zween Convoyer zu vns/ die nach vns außgeschickt waren/ vnd vernommen hatten/daß wir hie lägen; der eine war Capiteyn Jacob Jans von Edam/ vnd der ander Peter Gysen von Rotterdam / da waren wir besser bewahret/ wann es ja zum ärgsten außschlagen wolt. Weil wir allhie lagen/ lieffe das Volck so gewaltig an Land/daß ich nicht wuste/wie ich sie wieder zu Schiff solte bringen/vermahnete sie/ wie es schon weit im Herbst were/ vnd der Winter vor der Hand/ wir auch ein vnbequem Schiff hetten/also daß grosse Gefahr darauff stunde/wann wir so spät im Jahr mit einem solchen schweren Schiff vors Land kommen solten; aber es wolte nicht helffen/ sie blieben an Land/ als wann sie schon daheime weren/ assen vnd truncken darauff an. Endlich gieng ich zum Major der Statt / vnd fragte jhn / ob er kein Mittel wuste/ das Volck an Boord zu kriegen/welcher anfänglich Nein sagte/aber als ich mit seiner Frawen gesprochen / vnd jhr ein Stück feine Leinwat verehrt hatte/ wuste er wohl Rath darzu: Er liesse alsbald mit Trummeln durch die Statt außruffen/daß/ wer einem Holländer oder Ost Indienfahrer mehr/ als sieben Schilling borgen wurde / dasselbe mit Recht nicht solte fordern können. Auff das Ruffen wurde dem meisten Hauffen die Thür vor der Nasen zugeschlossen; ich wolte sie alle an Boord haben/ als sie nach mir zu kamen/ aber sie weren gern länger geblieben/ doch/ als sie sahen/daß ich die Ancker auffwinden/vnd die Segel loß machen ließ/ fielen sie in die Nachen wie Omeissen/vnd kamen zu Schiff/jhre Wirth vnd Wirthin jhnen nach/ vnd forderten jhr Geld/ welches ich jhnen liesse geben / vnd auff jegliches Rechnung zu Buch stellen/hatten also all vnser Volck wieder/ biß auff drey/ oder vier/ welche sich mit Weibern allda verlobet hatten/die sie darnach heyratheten; diese liessen wir allda / vnd fuhren mit den zween Convoyern nach Heim zu/ da wir den 16. Novemb. in Seeland ankamen. Gott sey Lob vnd Danck/ der mir auß so vielen Gefahren geholffen hat; bin in allem außgewesen sieben Jahr/ weniger einen Monat.

Hiemit

Vier vnd Zwantzigster Theyl.

Hiemit habe ich gemeynt / meine Beschreibung zu beschliessen / aber weil ich zuvorn deß Schiffs Mittelburg Meldung gethan habe / daß es so schadhafft von vns schiede / mit dem Fürnehmen / einander im Bay St. Lucia wieder zu finden / man es aber seithero nicht gesehen hat / so muß ich dem Leser (wiewol es eygentlich zu meiner Reyse nicht gehört) mittheylen / was seithero von demselben ist vernommen worden / vnd das vmb so viel desto lieber / vmb den Nachkömblichen das Ende deß berühmten Wilhelm Cornelis Schouten / meines sonderbaren Freunds / mitzutheylen / welcher / wie oben gemelt / auff das Schiff Mittelburg gangen war / die Sach verhält sich also: Weil wir in der Bay Lucia lagen / höreten wir wohl von den Einwohnern / daß ein Schiff in dem Bay Antongiel lage / wusten aber nicht eygentlich / ob es Mittelburg war / oder nicht. Wir verhoffeten es darnach in St. Helena anzutreffen / aber weil wir da / wegen der Spanischen Carack / nicht konten ankommen / musten wir / jhrer vnerwart / vnsere Reyse vollführen. Nach der Hand kompt Schiffer Peter Gerrits Bierenbrodspet auß Ost Jndien / an das Capo de bonasperanza / vnd findet Brieffe allda / welche das Schiff Mittelburg (nach Gewonheit) allda gelassen hatte / in welchen stunde / wie sie gemeynet hetten / den Bay St. Lucia einzulauffen / wie zwischen vns beschlossen were worden / aber weren viel zu niedrig ankommen / also daß sie den Bay von Antongiel antraffen / vnd da eingeloffen weren / allda weren etliche vnter jhnen gestorben / vnter andern auch der obgedachte Wilhelm Cornelis Schouten / welchen sie allda begraben hetten / rc. Nach der Hand / hat man weiter nichts von jhnen erfahren / als auß Portugal ist vermeldet worden / wie das Schiff Mittelburg / als es bey St. Helena ankommen / von zwey Caracken sey vmbkringelt worden / gegen welche es tapffer gefochten / vnd die eine endlich in Brand geschossen hette / so daß die eine der andern hette müssen zu Hülff kommen / vnd Mittelburg fahren lassen. Diß ist die letzte Zeitung / die man von diesem Schiffe hat / ob sie nun in diesem Gefecht so viel bekommen haben / daß sie darnach davon gesuncken seynd / oder ob sie auß Mangel Proviant vnd Erfrischung haben müssen vergehen / ist Gott am besten bekant; es sey wie jhm wolle / so ist es zu beklagen / daß sie nicht zu recht gekommen seynd / vnd verpflichtet mich zu ewiger Danckbarkeit gegen Gott / daß er mich mit dem Schiffe Hollandia so gnädiglich auß so vielen augenscheinlichen Gefahren errettet vnd bewahret hat / bitte jhn ferner / er wolle seine Güte vber mich / von nun an biß in Ewigkeit / lassen walten / Amen.

Beschreibung der Reyse

gethan von dem Commandeur Direck Alberts Raven/nach Spitzbergen/in dem Jahr 1639. zu Dienst der L. Herren Bewinthabere/der Grunlandischen Compagnie zu Horn.

In welcher erzehlet wird sein ellender Schiffbruch/sein grosser Jammer auff dem Eyse/vnd endlich auch seine fröliche Erlösung.

Mit noch andern denckwürdigen Geschichten/ Alles werth zu lesen.

Beschreibung der Reise / gethan von dem Commandeur Dirck Alberts Raven nach Grunland Anno 1639.

Den 7. May im Jahr 1639. bin ich Dirck Alberts Raven/ für Commandeur mit dem Schiff Spitzbergen/ von wegen der E. Herren Bedienthabere der Grünländischen Compagnie zu Horn/ auß Texel gefahren/ ein Compagnie noch zweyer anderer Schiff von Horn/ die Seefischer waren / vnd noch zweyer Schiff von Harlingen/ einem Seefischer vnd einem Capital Schiff/ da Commandeur auff ware Gale Hamkes/ das Schiff hiese der Oranienbaum/ wir fuhren auß mit einem sudelichen Wind/ vnd stelleten vnsern Lauff. N. N. W. an.

Den 12. Dito/ schieden die drey Seefischer von vns/ vnd wir neben Gale Hamkes stelten vnsern Lauff / nach Spitzbergen noch all mit einem Sudwind.

Den ein vnd zwantzigsten Dito / sahen wir das Land von Spitzbergen/ kamen deß Nachmittags gegen das Eyß an / aber wendeten wiederumb Seewartz von dem Eyß ab/ wahren vngefehr 12. Meylen von Land auff der Höhe von 78. Grad.

Den 22. zu Morgens / bliebe der Wind noch jmmer Suden/ wir gingen mit einander noch jmmer N. N. W. an/ sahen See vnd Landwerts noch viel Eyß/ auch zwey Schiff von vnden auff lavieren/ die wir vngefehr deß Mittags ansprachen/ waren zwey Dänische Schiff so sageten/ daß es vmb den Nord noch voller Eyß läge / also daß man kein Land sehen kunte/ darüber wir neben den zween Dänen vnd Gale Hamkes wieder anhuben auß dem Eyse zulaviren/ vnd name der Wind so vberhand / daß wir mit Schoverssegeln fahren musten/ sahen deß Nachmittags noch ein Schiff auff vns ankommen/ welches/ wie wir darnach vernamen/ der Kammer zu Delfft gehörete/ waren also vnser fünff Schiff beyeinander/ vnd fienge es an zu Sturm zu wehen.

Deß Abends kamen wir an deß Eyses eussersten Rand / mit hartem

J iij   Wetter

Wetter vnd Schne/jacht also/daß die Schiffe nicht an den Wind wenden wolten / vnd vor den Wind konten wir nicht kommen / wegen deß kleinen Raums der zwischen vns vnd dem Eyß war/ dann wir waren die Lywertzte vnder vnsern Gefärten/die zwey Dänische Schiff waren etwas hinder vns hart bey dem Rand deß Eyses / da die See so sehr gegen stiese/daß wir offtmals nicht wissen kunten ob es Wasser/oder Eyß were / das Wasser gieng so hell vnd wehete es so sehr/daß die Galion offtmals vnders Wasser schoß/ vnd den Plechtancker ins Wasser schleppete / so gewaltig lage das Schiff auff einer Seiten.

Wir hatten das Schiff oben mit Saltz bestrewet / dann wir sonsten wegen der Schlupfferigkeit / nicht wol hetten von einem Ort zum andern können kommen. Wir waren gleichsam vom Eyß besetzt/vnd kunten wegen deß grosen Schnees vnser Gesicht nach Wunsch nicht brauchen/ oder die Segel wegen deß harten Winds regieren.

Endlich sahen wir einen Eyßscholl recht vor vns / den wir nicht oben vmb befahren kunten/ vnd einen andern Lywartz von vns / daß wir nicht vnden vmb konten kommen/ theyls weil der Rand deß Eyses so nahe war/ vnd ein gewaltig hell Wasser dargegen anstund / theyls weil das Schiff so kurtz nicht fallen kund / weil die Schollen so dicht an waren / hoffeten also zwischen beyden durchzulauffen ; das Schiff lage wie gemelt auff einer Seiten/vnd das Ruder Luffwartz an Boord/ die hinderste Segel loß am Wind / es stunde gewaltig grewlich / dann es scheinet vnmüglich zu seyn/ daß das Schiff so kurtz solte können trehen/vnd die Schollen schienen schon vor dem Bug zu seyn/ dann wegen deß Schnees kunte man/ wie vorgemelt nicht recht sehen /doch trehete das Schiff noch so wol/daß der Luffwertzte Scholl hinder der Focke rust vnders Wasser kame / darauff wir stracks gegen dem Lywertzten Scholl antrieben / ich sahe alsbald Vberboord hinden auß /sahe aber in allem dem stossen keine Späne / hoffete also daß es so viel noth nicht haben würde/ aber es erwiese sich stracks anderst/ dann das Schiff fienge an fornen zu sincken/welches einen grossen Schrecken vnder vns verursachete / wir hieben gleich mit Beylen die Mastbeum vmb/ vnd setzten die Schluppen auß/ in welche wegen der grosen Angst/ so viel Volck einfiele/ daß sie kaum abgestossen hatten/ fielen die Schluppen vmb vnd ertruncken alle mit einander.

Das Schiff schiene auff einen stutz vnder zu gehn/ so sehr suncke es fornen/vnd wiewol man keine Errettung sahe/ so suchete man doch so lang sich zu fristen als man konte/ etliche liefen hinden nach der Companie, etliche stie-
gen auff

Vier vnd Zwantzigster Theyl.

gen auff der Besantzmast / der den Augenschein nach dem lengsten würde oben bleiben / aber durch die grose Anzahl / brache der Mast vnd fiel mit allem Volck in die See / die auch alsbald ertruncken.

Das Wasser vertheilte sich vber das gantze Schiff / also daß das fordere Theyl wieder etwas in die Höhe kame / aber nicht lang darnach fiel das Schiff vmb / vnd bliebe auff einer Seiten vngefehr vier Schuh hoch / vber dem Wasser ligen.

In dem vmbfallen deß Schiffs ertruncken noch viele / die zur seiten hinauß fielen / vnd von der See vberschwemmet wurden / vnder andern ein Mann / so lang mit mir gefahren hatte / kame zu mir / gab mir die Hand vnd sagte / Commandeur habe ich euch irgend mißgethan / so wolt es mir vergeben: Ich antwortete / ihr habt mir nichts mißgethan / vnd wo etwas geschehen were vergieb ich es euch von Hertzen / wie ich es wolt daß mir geschehe / darauff schiede er von mir / sagend / in der Ewigkeit müssen wir einander wieder sehen / dann das vmbfallen von Schiff brach vnsere Rede / vnd er ertruncke wie vorgemelt. Ich neben vielen andern / gelangete auff die Seiten deß Schiffs / der meiste Theyl der noch lebenden stunde forne bey den Anckern / da ich mich auch hinbegabe / dann bey der grossen Rust da ich erstlich ware / kontte ich nicht lang dauren / die Wellen liefen so gewaltig vber dem Schiff hin / mit solchem Wind / Schnee vnd Kelte / daß es menschlichem Vrtheyl nach vnmüglich schiene / auff dem Schiff oder im leben zubleiben / eine jegliche Wellen die darüber stürtzete / name etliche Menschen weg zu zween oder dreyen / ja wol fünffen vnd sechsen zugleich. Die von stunden an von der See verschlungen wurden / welches wol ein betrübtes Ansehen war / vnd daß vmb so viel desto mehr / dieweil wir / die wir noch lebeten / auch nichts bessers zugewarten hatten / vnd wiewol ein Mensch keinmal für den Todt befreyet ist / so siehet man doch in solcher Gelegenheit / wie Demütig vnd Gelind ein Mensch wird / auch wie das Gewissen in einem auffwachet / das Gebet daß offtmals (wann man ausser Gefahr ist) nicht ferner / als von den Lippen köbt / kame hie frey vz tieffer herauß; wir sahen einander mit betrübten Hertzen an / gaben Gott die Sach auff; die zwey Dänische Schiff fuhren auff ein anderhalb Büchsenschuß für vns vorvber / aber kunten vns nicht helffen.

Wie wir also ein wenig da gesessen hatten / sagte der Steurmann zu mir / da trähet sich das Schiff mit dem Wind vmb; welches wol zuverwundern war / dann es trähete / so kurtz mit allen Mastern / Segeln vnd andern Zeug / das noch am Schiff fast war / das ein Schiff mit allen seinen Seglen /

im vollen

im vollen Seglen nicht kurtzer oder geschwinder sich wenden kunte/ welches eine sonderliche Schickung GOttes war/ der noch etliche beim Leben erhalten wolte/ dann wann das Schiff sich nicht so gewendet hette / so würde es dem Ansehen nach nicht zwey stunde gewäret haben / oder wir weren alle vom Schiff abgespület worden; vnd wiewol wir kein Außkommen sahen/ so gabe es vns doch etwas Trosts/ dann wir kunten nun wegen der Wellen besser auff dem Schiff bleiben/ weil sie sich nun an den Kisten/ Fessern/ wie auch abgehawenen Masten vnd Segelen abstiesen/ wir waren damals vnder vns dreyssigen.

Die andere vier Schiff sahen wir wol/ aber sie kunten vns nicht helffen / hatten genug mit jhnen selber zuthun ; sie lieffen W. S. W. mit Sudwind vnd Schnee in der Höhe von 78. Grad. 40. Min. vngefehr 9. Meylen von Land.

Detz Nachts name das Wetter mit Stürmen vnd wehen jmmer zu/ wir kunten vns an den Seylen kümmerlich oben halten/ das Wasser floge vns gewaltig vber den Kopff/ mit einer vnseglichen Kälte ; ein jeder kan selbst wol dencken / wie einem zu Muth muß seyn/ in solchem Schnee vnd Kälte ohne einigem Dach oder Hütten zu bleiben/ vnd keine Errettung zu gewarten haben: Wir hielten die für glückseelig/ so den Todt schon allbereit geprüfft hatten / baten GOtt vmb ein kurtzes End/ sagte je einer zum andern/ vnsere Gesellen seynd vorgangen/ jhr Streit ist geendigt/ wie werden wir noch an den Todt kommen. Wann die Wellen bißweilen mehr als sonsten vber das Haupt stürtzeten/ sprachen wir/ nun kombt der Herr/ es wird nun bald gethan seyn/ er wird ein Ende machen vnd dergleichen Reden.

Den 23. zu Morgens fienge das Wetter an abzunehmen/ wir kunten damals keine Schiff mehr sehen / stunden vnd sassen auff der Seiten der Fortuning bey der Companie, die See spülte vns stets vmb die Beine her/ wir trappelten vnd bewegten den Leib/ so sehr wir kunten/ damit wir ein wenig Wärme behalten mochten / aber es schiene vnmüglich zu seyn/ es frore/ daß wir gedachten die Füsse würden vns abfrieren: Etliche/ weil es so lange werete/ oder weil die natürliche Wärme in jhnen außging/ legeten sich nieder aber ehe sie ein Stund so gelegen hatten/ waren sie todt / die schoben wir beseitz : Ich sagete zu einem daß er so still nicht ligen solte/ sondern etwas hin vnd wieder lauffen/ der antwortete/ wo soll ich hinlauffen/ wir können dem Todt doch nicht entrinnen / wir werden doch alle hie bleiben müssen ; ich sprach/ wie wann es nun Got besser versehen würde/ ja/ antwortet er wider/

Gott

Vier vnd Zwantzigster Theyl.

Gott kan wol/ aber? als wolt er sagen/ wo seynd die Mittel dardurch es kan zuwegen gebracht werden: Es war ein betrübt Ding/ Gott weiß wie bang vns ware/ dann auff Hülffe zu hoffen schiene nur Torheit vnd Wähnen zu seyn.

Nicht lang darnach wurde der Mann/ da ich das Gespräch mit hielte auch vom Schiff geworffen/ etliche die zwar noch etwas lebeten/ aber keine Krafft mehr hatten sich anzuhalten/ wurden auch alle von den Wellen mitgenommen/ die sahen wir sich noch im Wasser rühren.

Ich wurde von den Wellen auch einmal vom Schiff geworffen/ also daß die andern schon sageten/ damit fehret der Commandeur auch hin: Aber es gefiele Gott noch nit/ ich hielte mich an lage nur mit dem halben Leib im Wasser/ vnd hatte noch so viel Muth vnd Kräffte/ daß ich ohne daß mir jemand hulffe/ wieder zu den Meinigen gelangete.

Deß Mittags besserte sich das Wetter je lenger je mehr/ vnd bliebe der vorige Wind/ bißweilen triebe ein Eyßscholl für vns vorüber.

Wir schnitten ein Segel ab/ daß noch am Schiff hing/ vnd richteten es nach einer Stangen auff/ gut wir konten/ in Meynung/ daß es das Schiff ein wenig forttreiben solte/ aber es thete keinen Vortheyl.

Zween der Botsleut sageten zu mir/ daß man ein Floß machen solte vnd sehen damit ans Land zukommen: Aber ich sagete zu jhnen wann sie wolten so möchte sie es thun/ ich wolte bleiben da ich were/ wir waren wol 12. oder 13. Meylen vom Lande; sie namen gleichwol etwas Holtzwerck/ vnd wolten das mit Seylern an einander binden/ aber es trieb jhnen Weg zu jhrem grosen Glück/ dann sie würden sonst bald ein kurtz End gehabt haben.

Wiewol es nun besser Wetter war/ waren wir doch in grösserer Angst als zuvor/ dann wir hatten weder zu essen noch trincken/ hetten gerne geschlaffen/ aber konten vnd dorfften vns nicht niederlegen/ dann man frore stracks todt/ wir truncken vnser Eigen Wasser/ einer auß den Gesellen bate mich/ daß ich jhm von meinem Wasser was mittheylen wolte/ daß er sein Hertz laben möchte/ welches ich thete/ ein anderer bade/ daß er die Feuchtigkeit die in meinem Bart befroren war ablecken möchte/ ich liese es jhme zu das Hertz wolte mir brechen wann ich das Volck ansahe/ hube meine Augen offtmals gen Himmel vnd hoffete immer/ daß es Gott noch versehen würde/ wiewol sich kein Grund einiger Hoffnung auffthete.

Den 24. Dito/ deß Morgens ware schön Wetter/ wir sassen vnd waren gantz

K

Vier vnd Zwantzigster Theyl.

ren gantz krafftloß/es frore daß es knelte/dachten nicht anderst oder wir wurden alle sitzend sterben.

Vngefehr deß Mittags siehet der Steurmann auff/ vnd rufet ein Segel/ein Segel; es ware vngefehr zwey Meyl von vns / vnd wendete sich ab vnd zu/ vmb Landwerts durch das Eyß zu kommen: Damit wurde vnser Hoffnung wider lebendig/ darzu auch Gott seine Gnade gab / dann hetten sie können durch das Eyß kommen/ so weren sie nicht auff vns zu kommen/aber sie sahen kein Mittel; der Commandeur war fornen im Schiff vmbzusehen/ ob sich die See irgend aufftete / als er vnser Schiff sahe meinete er erstlich es were ein todter Wallfisch/ aber durch ein Ferrenglas/ sahe er wol daß es kein Wallfisch war/ rieff es ist gewiß vnser Admiral, der vor zween Tagen bey vns verunglückete/ darauff die Burß mit hauffe auff die Steng stiege/ vnd sahe wie wir zwey Segel auffgericht hatten / spanneten darauff stracks alle Segel auff/ vnd lavirten nach vns zu.

Wir kunten allem Anzeigen nach spüren/ dz die im Schiff vnser waren ansichtig worden/ derwegen machten wir vns auff/ vnd zogen die Segel auff vnd nieder/ damit sie sehen solten daß wir noch lebeten/ welches sie auch im Schiff mit groser Verwunderung sahen: Wir schütteten vnser Gebet auß mit solchem Ernst vñ Frewde/daß es mir mein Hertz durchschneid wannlich noch daran gedencke / es ware vns als wann wir mit Daniel auß der Löwengrüben oder mit den drey Jünglingen / auß dem fewrigen Ofen erlößt wurden.

Als das Schiff näher kam sahen wir / daß es der Oranien Baum von Harlingen war/ da Gale Hamkes auff Commandirte/ sie setzten drey Schluppen auß/vnd holeten vns alle zwantzig / dann so viel waren vnser vberblieben von 86. die wir anfenglich starck waren: Wir hetts es nicht lenger können antreiben/ dann wir hatten 43. oder 44. stunde lang auff deß Schiffs Boden gesessen/ ohne essen / trincken) als vnser eygen Wasser) vnd schlaffen/ in groser bitterer Kelte/ hatten keinen truckenen Faden am Leibe: Sie setzen vns stracks die Füß in warmen Pickel/ dann sie waren vns gantz taub gefroren/ vnd als in dem Pickel das Leben wieder in die Füß kame/litten wir vnaußsprechliche Pein/ darauff brachten sie vns zu Bett vmb auß zu ruhen: Vnser Hochbotsmann hatte kein Fühlen mehr in seinen Beinen/als er in den Pickel gesetzt ward. Dann das Leben war darauß welches Jammer ware.

Den 25. kamen die andere drey Schiffe auch an / waren alle auffs höchste verwundert/ als sie vernahmen/ daß noch jemand vberblieben ware.

Gale

Vier vnd Zwantzigster Theyl.

Gale Hamkes liesse die Commandeurs/ mit jhren Balbirern auff sein Schiff komen/ dañ er war mit seinem Balbierer nit zum besten versehen: Sie besichtigten vns vnd verbunden vnsere Füsse/ dem Hochbotsmann schnitten sie seine Füß biß halb an die Knie ab/ da fühlete er wieder etwas Leben nach deme es ime mehr oder weniger wehe thete/ die Meister beschlossen jhme deß folgenden Tags seine Beine vnder den Knien abzusetzen/ meineten doch daß es sich vnder deß mit jhme verendern wurde/ wie auch geschahe/ dann er deß andern Tags/ nemblich den 26. Dito nach Mittag starbe/ sprach nicht ein Wort/ sondern schnaubete vnd schnarchete/ als ob er schlieffe/ eben wie die auch gethan hatten/ die zuvorn in der grosen Kelte gestorben waren.

Den 27. Dito haben sie den Hochbotsmann Vberboord gesetzt/ hart für den Westbay der noch voller Eyß lage/ musten also wieder die See liesen: Vnder deß besereten wir allgemach/ kamen durch Gottes Genade alle wider zur vorigen Gesundheit/ allein daß einer auß den Botsgesellen seine grose Zähen verlohr.

Den 4. Iuli/ kamen wir in die Westbay/ da vns Gale Hamkes seine Schluppen an vnsere Hütten brachten/ fiengen alsbald an außzurüsten vnd fiengen noch drey Fische.

Den 30. Augusti fuhren wir wider heimwertz/ kamen den 23. Septembris in Vlie vnd den 24. für Horn. Der Herr sey gelobet vnd gepreiset für seine Gnade/ die er vns in solcher grosen Gefahr erwiesen hat/ er gebe auch/ daß wir es fortan mit einem heiligen
Leben danckbarlich erkennen.
Amen.

Folgen noch etliche wunderliche / vnd denckwürdige Geschichten.

Kurtze Erzehlung / auß der Verzeugnuß der Personen / welche auff Spitzbergen im vberwintern gestorben seynd.
Anno 1634.

NAch dem im Jahr 1633. sieben Mann auff Spitzbergen/ vnd der Insel Mauritius gelassen waren / vmb allda zuvberwinteren/ so hatten die Schiffe vom Jahr 1634. von den E. Herren Bewinthabern der Grunlendischen Compagnie Befelch / dieselbe abzulösen vnd andere sieben / so sich freywillig darzu præsentiren würden allda zu lassen/ vnd waren die Namen derer so allda solten vberwintern: Andres Jans von Mittelburg/ Cornelis Thyß von Rotterdam/ Ierom Larcum von Delfshaven/ Gebbe Jelles auß Frießland / Claes Floris von Horn/ Adrian Ians von Delfft/ Fetje Ottes auß Frießland. Welche Personen (nach dem sie von Speiß/ Tranck/ Artzney vnd was zum Vberwintern gehöret/ gebürlich versehen wurden) am Land seynd gelassen worden/ vnd haben von jhrem Zustand Tagregister gehalten/ auß welchem das vornembste (die vnnötige Beschreibung von Wetter vnd Winden außgelassen) darauß genomen ist/ biß auff die Zeit; daß sie auffgehöret haben zu schreiben; oder jhrem Todt.

Den 11. Septemb. 1634. fuhren die Schiff wieder nach Hauß/ denen sie Glück auff die Reyse wünscheten; vnder deß als sie da blieben/ sahen sie vnderschiedliche Wallfische / waren auch offtmals darauff auß etliche zu schiessen aber vergebens; sucheten auch fleissig nach grünem Kraut/ Rehen/ Füchsen vnd Bären/ aber kunten nichts bekommen den 20. oder 21. Octob. verließ sie die Sonn.

Den 24. Nov. fienge der Schörbauch sich vnder jhnen an zu offenbaren/ also daß sie grosen Fleiß anwendeten/ einige Grünigkeit oder Erfrischung zuerlangen / aber kunten nichts bekommen zu jhrer aller Leydwesen: trösteten sich doch vndereinander daß Gott jhnen etwas grünes vnd einige Erfrischung zuschicken würde.

Den

Vier vnd Zwantzigster Theyl.

Den 2. Decemb. nahme Claes Floris ein Tranck wieder den Schörbauch ein/ vnd stelleten sie eine Fallen/ vmb Füchse zu fangen.

Den 11. dito nahme Jerom Carcun auch einen Tranck ein/ vnd fiengen sie an/ jeglicher besonder zu essen vnd zu trincken/ dieweil einer mehr/ als der ander/ mit dem Schörbauch behafftet war/ suchten auch Erfrischung/ aber funden nichts.

Den 12. dito nahme Cornelis Thyß auch einen Tranck wieder den Schörbauch ein.

Den 23. Decembr. sahen sie den ersten Bären vor jhrem Fenster/ welcher aber/ als er Gerücht hörete/ davon lieffe; sie waren so fro/ als wann sie jhn schon in Händen hetten/ folgeten jhn mit zwey Lanternen/ aber konten jhn nicht kriegen/ wiewol sie jhn gern gehabt hetten/ vmb zu essen/ dann niemand von dem Schörbauch frey ware; schrieben damals/ wann es nicht wolte besser werden / so würden sie alle todt seyn / ehe die Schiff wieder kämen.

Den 14. Januar. 1635. starbe Adrian Jans von Delfft/ der erste von den sieben/ die andern waren auch alljumal sehr kranck vnd voller Peyn.

Den 15. dito sturb Fetje Ottes.

Den 17. dito sturb Cornelis Thyß/ auff welchen sie/ nechst Gott/ jhr meiste Hoffnung gestellt hatten/ vor diese drey macheten sie noch Todtenkisten/ wiewol sie schwerlich so viel Krässte hatten/ wurden alle Tag ärger.

Den 28. Januar. sahen sie den ersten Fuchs / aber konten jhn nicht kriegen.

Den 29. dito tödteten sie jhren rothen Hund / da sie zu Abends von assen.

Den 7. Febr. fiengen sie den ersten Fuchs/ darüber sie alle fro waren/ wiewol es jhnen wenig helffen kont/ war schon zu weit mit jhnen kommen/ sie sahen auch viel Bären/ ja bißweilen zu 3. 4. 6. 10. 12. zugleich/ aber hatten die Macht nicht ein Rohr abzuschiessen/ oder wann sie gleich getroffen hetten/ jhnen nachzulauffen/ dann konten nicht einen Fuß für den andern versetzen/ oder Brod beissen/ hatten sehr grossen Schmertzen in den Lenden vnd gantzem Leib/ vnd je böser Wetter/ je schlimmer/ der eine speyete Blut/ der ander lösete es durch den Stulgang / Jerom Carcun ware noch der stärckste/ der holete noch bißweilen Kohlen/ vmb Fewer anzulegen.

Den 23. dito musten sie sich alle plat niederlegen/ vnd Gott die Sach befehlen.

Den 24. dito sahen sie die Sonne wieder/ darüber sie Gott lobeten/

dann sie hatten sie seithero den 20. oder 21. Octobr. nicht können sehen.

Den 26. welches der letzte Tag ist/in dem sie geschrieben haben/schreiben sie also: Wir ligen unter uns vieren platz zu Bett / wolten gern was essen/aber keiner hat so viel Macht/daß er auß dem Bett kommen kan/ein Fewer anzulegen/ können uns nicht rühren vor Schmertzen/ bitten Gott mit gefaltenen Händen/daß er uns auß dieser Welt erlösen wolle/seynd bereit zu seinem Willen/dann wir es ohne Essen oder Fewer nicht länger antreiben können/ auch einander nicht helffen/ ein jeder muß seinen eygenen Last tragen.

Als die Schiffe das folgende Jahr 1635. allda wieder ankamen/ funden sie sie allzumal todt ligen / ihre Hütten hatten sie inwendig fest zugemacht/damit sie vor Bären und sonsten befreyet seyn möchten; sie brachen die Hinderthür auff/ einer stiege darein/ lieff über den Soller/ in welchem noch etliche Stücke vom todten Hunde hiengen/ stiege die Träppen in die Speißkammer ab/und tritt im finstern auff einen todten Hund (dann sie hatten zween Hunde gehabt) der vor der Träppe todt lage/lieffe weiter umb die Thür auffzumachen/ und stiesse gegen die Todten an; als er die Thür hatte auffgethan/sahe man sie da ligen/drey lagen in Kisten/ zween in einer Krippe/und zween mitten auff dem Boden auff etlichen Segeln/hatten die Knie biß an das Kin gezogen/so krumm waren sie gestorben; sie macheten den übrigen vieren auch Todtenkisten/und begruben sie in den Schnee/weil wegen der grossen Kälte keine andere Gelegenheit ware/ aber darnach / als der Schnee ein wenig geschmolzen war/begrube man sie in die Erden/ legte Steine auff das Grab/ damit sie von den wilden Thieren nicht auffgegraben wurden/seithero ist kein Volck mehr auff Spitzbergen/ umb zu überwintern/ geblieben.

Eine andere Geschicht.

IM Jahr 1633. als der Commandeur Dirck Alberts Raven mit seinen und andern Schiffen / von wegen der Herren Bewinthaber der Grunländischen Compagnie/ an Mauritius oder Jan Mayen Insel lage/umb Walfisch zu fangen/geschahe eine denckwürdige Sach/ nemblich: Den 17. Juni schluge eine der Schlupen/ als sie neben dem Land hinfuhr/ durch einen Greiffwind/ der vom Land herkame/ geh'ingen umb/ mit sechs Mann/ darunter ein Bootsmann/ genant Thyß Syverts von Enckhausen/weil er wohl schwimmen konte/das eine

Ende

Vier vnd Zwantzigster Theyl.

Ende von der Schnur nahm/vnd wolte damit ans Land schwimmen/welches vngefehr ein kleinen Büchsenschuß davon lage/die andern soltens jhm tapffer lassen nachschiessen/ vnd die Schnur vnter der Schlup herauß helffen; aber als er kaum halbweg geschwummen ware/ konte er mit der Schnur nicht fort kommen/weil sie nicht auß wiren wolte/ muste also wieder nach der Schlup zuschwimmen/die allgemach Seewarts hintriebe/damit ertruncke dann einer/ dann der ander; Thyß Siverts hielt sich noch allein in der Schlup/ hette darnach gern ans Land gewolt/ dorffte aber in solcher Kält sich nicht getrawen so weit zu schwimmen; Er lieff vnd trappelte auff der Schlup herumb/ vmb Wärmbde zu kriegen/ konte vnd dorffte aber nicht schlaffen. Deß andern Tags/ ware der 18. dito, fähret der Commandeur Adrian Minnen von Rotterdam mit einer Schlup/ auß dem Bay etwas zu holen/ als er hinauß kompt/ siehet er Seewarts etwas treiben/ darff seinen Augen schwerlich vertrawen/ dann es daucht jhm ein Traum zu seyn/ einen Menschen da zusehen; endlich kommen sie zu jhm/ sehen jhn auff der Schlup hin vnd wieder wandeln/ sein Gesicht war schon gebrochen/ vnd schiene nicht mehr bey Verstand zu seyn/ dann als sie jhm näherten/ fragte er/ warumb sie jhm Leyd zufügen wolten? Sie nahmen jhn in jhre Schlup/ hatte vngefehr 7. oder 28. Stund lang/ in Nässe vnnd Kälte/ ohne Essen/ Trincken oder Schlaffen/ also in der Schuyt gewesen/ vnd hatte seine fünff Gesellen für seinen Augen sehen ertrincken/seine Füsse waren insonderheit sehr befroren/vnd wurde/ Zweyffels ohne/ es nicht lang mehr gemacht haben; sie brachten jhn in deß Commandeurs Dirck Ravens Hütten/vnd setzten jhn für ein Fewer/welches sie angelegt hatten/ zogen jhm ein frisch Hembd vnd trockene Kleyder an/vnd gaben jhm/etwan ein Stund darnach/ ein wenig zu essen vnd zu trincken/ legten jhn darauff warm zu Bett/ vnd liessen jhn was außruhen/ also daß er darnach wieder zu seiner vorigen Gesundheit kame.

Eine Andere.

ES ist ein Schiffer gewesen/ Peter Jans Pickman genant/ der vor etlichen Jahren gestorben ist/ seine Fahrt meist auff Irland/ Schottland/ vnd die Gegend gehabt hat/ bey vielen wohl bekant/wegen der Practick/die er wuste/ das Geschütz/welches seithero der Spanischen SchiffsArmada von Anno 1588. an der Cust von Irland geblieben war/zu fischen. Derselbe hat offtmals pflegen zu erzehlen/daß/
als

als er einsmal auß Norwegen mit seinem Schiff/voll Bretter oder Dielen geladen/fuhr/jhr eine Stilte vngefehr bey Schott- oder Jrrland vberfiele/ vnd weil jhn der Strom sehr nach den Klippen zutrieb/ muste er den Boot außsetzen/vmb das Schiff zu bugseeren/oder mit einem Seyl zu ziehen/damit es den Klippen entgienge; in deme sie damit vmbgehen/ hetten sie mit Verwunderung einen Menschen auff der Klippe gesehen/ der mit allerley Zeichen zu erkennen gabe/daß er sehr verlegen were/fiel auff seine Knie/schluge die Hände zusammen/winckete jhnen zu/so viel er kont; erstlich zwar hatten sie es bedencken/mit dem Boot sich an die Klippen zu wagen/aber endlich durch Mitleyden bewegt/ruderten sie darnach zu/konten aber wegen der Gähe nicht ankommen/ der Mann aber winckete jhnen/ daß sie an die andere Seiten fahren solten/allda es leichter anzukommen were/ sie theten es/ vnd kamen zu jhm/ aber das Hertz dachte jhnen auß Mitleyden zu brechen/ wie sie einen Menschen sahe/der so rauch vnd vngeschaffen war/ daß er keinem Menschen mehr gleich sahe/gantz schwartz/ von Hunger/ Kälte/ vnd Vngemach so eingefallen vnd Mager/daß er außsahe/wie der Todt; sahen kein Hütten/oder doch/darunter man sich vor Regen/Kälte/oder Hitze verbergen konte/ als nur etliche Bretter an einander geleint/ darunter er kriechen möchte/ ware weder Laub oder Graß auff der Klippe/ sondern nichts/ als lauter Stein; als sie jhn ans Schiff brachten/ entsetzte sich jederman vber so einem vngeschaffenen Mann/ ware ein Schott- oder Engelländer/ sie fragten jhn/ wie er darauff gekommen/ vnd wielang er allda gewesen were? Vnd er fienge sein Elend also an zu erzehlen: Es ist so vnd so lang/ (vnd nennete ein Zeit/die allbereit vor zwey Jahren ware) daß wir durch Sturm bey dieser Klipp mit vnserm Schifflein Schiffbruch litten/ vnserer zween kamen noch auff die Klippe/ die andern ertruncken alle; man solt dencken/daß wir so viel glücklicher weren/als sie/ aber wie wir zusahen/vnd befunden/ wo wir weren/ vnd wie so gar nichts wir bey vns hatten/ hielten wir die vor glückselig/ die schon in der See jhr Leben geendigt hatten/ guter Rath war hie thewer/ wir stunden vnd sahen einander betrübt an/ hatten weder zu trincken/noch zu essen/oder Mittel etwas zu erlangen/ wir holeten gleichwol etliche Plancken oder Bretter von vnserm gebrochenen Schiff/ vnd stelleten sie gegen einander an (wie jhr noch gesehen habt) vmb sich darunter zu verbergen/wir fiengen etliche Mewen/ die wir rupffeten/vnd mein Gesell hatte ein Messer bey sich/ damit wir sie entweideten/ hiengen sie darnach in die Sonne vnd den Wind auff/vmb zu lassen trockenen/ vnd assen sie also raw. Mit dem Trincken hatten wirs am allerärgsten/ wir hatten

bißweilen

Vier vnd Zwantzigster Theyl.

bißweilen in etlichen Tagen kein frisch Wasser/ nur wann es regnete/ so behalffen wir vns mit dem Wasser/ das in den Löchern vnd Klumsen der Klippe stehen bliebe. Darnach fiengen wir auch etliche Seerobben/ die wir auch an der Sonne vnnd Wind dörreten/ beydes vmb sie zu spahren/ vnd dann auch/ weil sie so etwas leichter zu essen waren. Wiewol wir nun in solchem Elende waren/ daß vns das Leben vberdrüssig war/ so ware es doch noch Festtage/ weil wir Gesellschafft/ Hülff vnd Trost an einander hatten/ biß vngefehr ein halb Jahr darnach/ ich meinen Gesellen verlohr/ welches mein Creutz vnd Schmertzen so vermehrete/ daß ich von Vnmuth meynete zu sterben. Ich war da allein/ jederman kan wohl dencken/ wie mir zu Muth war/ daß ich auß Verzweyffelung mich in die See stürtzen solte/ konte ich vber mein Hertz nicht bringen/ vnd gleichwol schiene mir vnmüglich mein Creutz zu können außstehen; Ich weinete offtmals/ aber was halffs/ niemand hörete mich/ aber nun befinde ich/ daß mich Gott gleichwol erhöret hat. Der Schiffer fragte jhn vnter andern/ wie er seinen Gesellen verlohren hatte? Ja/ sagte er/ das weiß ich nicht/ von Kranckheit ist er nicht gestorben/ deß Abends waren wir noch bey einander/ vnd deß Morgens fande ich jhn nicht/ vnd habe jhn seithero nicht mehr gesehen/ ob er auß Mißmuth sich selber erträncket hat/ oder ob er sonsten verunglücket ist/ kan ich nicht wissen; er hatte das Messer bey sich/ also daß ich nicht wuste/ wie ichs angreiffen solte/ dann ich konte keine Robben oder Mewen zurichten/ vmb zu essen/ doch/ wie man sagt/ Armut sucht List/ klopffte ich einen Nagel auß den Brettern/ vnd schliff jhn durch vielen Schleiffen auff den Steinen/ so scharpff/ daß ich mich zimblicher Massen mit behelffen konte. Auff diese Weiß habe ich biß dato mit grossem Kummer/ Creutz vnd Leyden gelebt; deß Winters hat ichs am ärgsten/ hoffete zwar anfänglich/ daß Gott Mittel schaffen würde/ damit ich erlöset würde/ aber weil es so lang wehrete/ gab ich die Hoffnung auff/ vnd machete mir die Rechnung/ mein Leben hie zu enden/ aber nun hat Gott euch hergeführt/ vmb mich zu erlösen/ dar für ich jhm ewig loben vnd dancken will.

In dem Schiff gaben sie jhm auff einmal nicht zu viel zu essen/ damit es jhm nicht vbel gedewen möchte/ brachten jhn an Land/ da er nach tausent Danck von jhnen schiede/ vnd nach Hauß kehrete.

ENDE.

15594R